D1998245

Populär? Elitär?

Gunther Joppig,
Salonorchester,
1988
Arrangiert für die Ausstellung ›That's Jazz. Der Sound des 20. Jahrhunderts‹ in Darmstadt

Populär? Elitär?

Fragen zu einem klingenden Widerspruch

Herausgegeben von Frank Schneider

Prestel
München · London · New York

Dieses Buch erschien begleitend zu einem Zyklus von Konzerten und Veranstaltungen des Konzerthauses Berlin / Schauspielhaus am Gendarmenmarkt in der Saison 2001 / 2002.

Wir danken Herrn Prof. Dr. h.c. Werner Otto für die großzügige Förderung, die dieses Buch-Projekt ermöglicht hat.

Umschlagvorderseite:
Salonorchester, arrangiert für die Ausstellung ›That's Jazz. Der Sound des 20. Jahrhunderts‹ (Darmstadt 1988) von Gunther Joppig (Ausschnitt)

Die Deutsche Bibliothek – CIP-Einheitsaufnahme
Ein Titeldatensatz für diese Publikation ist bei der Deutschen Bibliothek erhältlich.

© Prestel Verlag, München · London · New York, 2001
© für die abgebildeten Werke bei den Künstlern, ihren Erben oder Rechtsnachfolgern, mit Ausnahme von:
Jacques-Emile Blanche, Paul Colin, Otto Dix, Ulrich Eller, Max Ernst, Fernand Léger, Karl Schmitt-Rottluff, Kurt Schwitters bei VG Bild-Kunst, Bonn 2001; Marcel Duchamp bei Succession Marcel Duchamp / VG Bild-Kunst, Bonn 2001; Henri Matisse bei Succession H. Matisse / VG Bild-Kunst, Bonn 2001; Pablo Picasso bei Succession Picasso / VG Bild-Kunst, Bonn 2001.

Fotonachweis siehe Seite 128

Prestel Verlag
Mandlstraße 26, 80802 München
Telefon 0 89 / 38 17 09-0 · Fax 0 89 / 38 17 09-35
www.prestel.de

Lektorat: Gabriele Ebbecke
Gestaltung: Kluy & Kluy, Berlin
Lithographie: LVD GmbH, Berlin
Druck und Bindung: Sellier Druck GmbH, Freising

Gedruckt auf chlorfrei gebleichtem Papier
Printed in Germany

ISBN 3-7913-2601-5

Inhalt

Frank Schneider
7 Vorwort

Frank Schneider
9 Populär – elitär:
Erinnerungen an einen historischen Streit (nicht nur) um die musikalische Avantgarde

Habakuk Traber
21 Wie Volkstümlichkeit und Moderne zusammenkommen
oder: Béla Bartók, Zoltán Kodály und der ungarische Weg

Volker Scherliess
31 Mitklingende Muster –
Igor Strawinskys Spiel mit historischen Modellen

Albrecht Dümling
41 Der Konflikt der Wiener Schulen
Arnold Schönberg zwischen Walzer, Operette und Atonalität

Volker Mertens
53 Ursprünglichkeit des Lebens – Mythos der Moderne:
Jazz und Kunstmusik

Gerhard Müller
67 Das janusköpfige Volk
Bemerkungen zum Begriff des Volkstümlichen bei Dmitri Schostakowitsch

Jörn Peter Hiekel
83 »Eine vielperspektivische musikalische Wirklichkeit«
Musik als Collage bei Bernd Alois Zimmermann

Karl-Heinz Zarius
99 Authentische Apokryphe
Mauricio Kagel und die Parodie

Christoph Metzger
115 Klang(-Kunst) im öffentlichen Raum
Historismus im Alltag

126 **Die Autoren**
128 **Fotonachweis**

Vorwort

Die Idee zu diesem Buch entstand aus der Zusammenarbeit des Prestel Verlags mit dem Konzerthaus Berlin. In der Saison 2001/2002 bezieht sich das musikalische Angebot auf die spannungsvollen Wechselbeziehungen zwischen unterschiedlichen Musiziersphären, die sich im 20. Jahrhundert als Extremfälle ›populärer‹ und ›elitärer‹ Musik mitunter zum scheinbar beziehungslosen Gegensatz verhärtet haben. Ihre Gleichsetzung mit ›schlechter‹ und ›guter‹ Musik wandelt sich gegenwärtig zur Einsicht, dass es unabhängig von Gattungsgrenzen und Musiksparten überhaupt nur ›gute‹ oder ›schlechte‹ Musik gebe. Das gilt auch, weil in der postmodernen Kunst selbst traditionelle Grenzen einer ›hohen‹ und ›niederen‹ Kultur überschritten und damit oftmals bedeutungslos werden. Diese Pluralität lässt aber die Musik des 20. Jahrhunderts ohnehin erkennen, wenn man sie in der ganzen Vielfalt ihrer klanglichen Erscheinungen wahrnimmt.

In diesem Buch wird daher gezeigt, dass die ›elitäre‹ Musik auf allgemein verständliche Grundlagen nur selten verzichtet hat. Die Aufsätze widmen sich speziell einigen markanten Richtungen der Moderne, die aus unterschiedlichen Ausprägungen leicht verständlicher Musik kreative Anregungen empfangen haben. Die meisten ›sachlichen‹ Kapitel werden dabei als ›persönliches‹ Porträt eines dafür repräsentativen Komponisten gefasst. Bei den Abbildungen wurde weniger an musikspezifische Illustration gedacht, sondern ein Verfahren bevorzugt, das – soweit sinnvoll – ›vergleichbare‹ Phänomene in anderen Künsten sichtbar macht.

Das Konzerthaus Berlin ist dem Prestel Verlag zu großem Dank verpflichtet – für das Interesse an unserer künstlerischen Arbeit und der Möglichkeit, die so flüchtige Wahrnehmung musikalischer Phänomene durch nachdenkende Problematisierung zu ergänzen. Zu danken ist den Autoren, die uneigennützig und wiederum in kurzer Zeit das Projekt realisieren geholfen haben, und nicht zuletzt Herrn Berger Bergmann für seine praktische Vermittlung zwischen Konzerthaus und Verlag, durch die das Buch rechtzeitig alle erreicht, die sich für dessen aktuelle, provokante Fragestellung interessieren.

Berlin, im Juni 2001

FRANK SCHNEIDER

Intendant des Konzerthauses Berlin

Populär – elitär:

Erinnerungen an einen historischen Streit (nicht nur) um die musikalische Avantgarde

Frank Schneider

Wenn nach dem Verhältnis zwischen Avantgarde und Popularität heute gefragt wird, dann spürt wohl jeder sehr deutlich, woher die Anlässe dazu kommen. Sie werden von Veränderungen geliefert, die sich seit geraumer Zeit nicht nur auf musikalischem Gebiet hierzulande und weltweit ereignen. Der totale Sieg einer vermeintlich Spaß treibenden Popkultur hat die Frage nach verbindlichen, vielleicht sogar progressiven Werten der Kunst in der modernen Gesellschaft beinahe vollständig der allgemeinen Verständnislosigkeit preisgegeben. Es besteht daher der Grund zum Zweifel, ob mit den beiden alten Schlüsselbegriffen diese neue Wirklichkeit auch wirklich begriffen werden kann und ob Diskussionen darüber zu einigermaßen erhellenden Einsichten führen.

Während nun endgültig niemand mehr verbindlich festzulegen wagt, was zurzeit kompositorischer Avantgardismus sei, scheint unumstößlich ausgemacht, wie es um die populären Musikbedürfnisse steht und wie man sie am effektivsten befriedigt. In einer Situation des grassierenden Pragmatismus ist radikale Theorie des musikalischen Fortschritts, verbunden mit eingreifender Kritik der Bedürfnisse, offenbar wenig beliebt, obwohl sie gerade deswegen ja dringlich wäre. Aber wenn Theorie nicht alte Fehler wiederholen und zur dogmatischen Polizei-Mentalität verkommen will, bedarf sie einer Fülle kritischer Vorklärungen und skeptischen Nachdenkens. Dazu gehört einerseits die logische Erörterung ihrer grundlegenden Kategorien und Kriterien. Das heißt etwa in unserem Fall: Sie hat, wie schon 1975 von Carl Dahlhaus gefordert[1], die Vergleichbarkeit eines ästhetisch-parteipolitischen und eines übergreifend soziologischen Terminus zu prüfen. Andererseits wäre der Konnex, den das merkwürdige Begriffspaar suggeriert, in Hinblick auf seine geschichtsphilosophische Dialektik neu zu entfalten, und es könnte wohl nützlich sein, im musikhistorischen Prozess jene wechselhaften Konfigurationen und Problemsituationen zu erkennen, von denen auch wir gewiss noch immer geprägt und aus denen wir so schnell nicht entlassen sind. Um unsere Denkmuster zu durchschauen, hilft nicht zuletzt ein Blick auf ihre Herkunft. Ein kleines, notwendig erscheinendes Stück solcher Erinnerungsarbeit soll versucht werden, indem Avantgarde und Popularität als zwei alternative Konzepte in der Entwicklung der Musik des 20. Jahrhunderts – nicht zuletzt unter den Vorzeichen politischer Verhältnisse – rekapituliert und auf den geschichtlich neuralgischen Punkt ihres schärfsten Widerspruchs, vor allem ihrer härtesten theoretischen Konfrontation konzentriert werden.

Wenn nicht alles täuscht, gerieten die verschiedenen Stadien und Strömungen avancierten Musikdenkens erst im letzten Jahrhundert in den offenen Konflikt mit den so genannten massenhaften Bedürfnissen. Freilich basieren derartige Antagonismen auf Spannungen und Gegensätzen zwischen unterschiedlichen Musiziersphären, die gleichsam für die gesamte europäische Musikentwicklung über Jahrhunderte hinweg bestimmend waren und ihre innovativen Traditionen gestiftet haben. Der moderne Widerspruch, der aus dem Feldwechsel überkommener Orientierungsspielräume zwischen gesellschaftlicher Zwecksetzung und spezialistischer Autonomie resultiert, erklärt sich wenigstens zum Teil aus den allergischen Reaktionen komponierender Eliten auf das für sie frustrierende ästhetische Verhalten der Massen: Für ein Zeichen nur noch lobenswerter sozialgeschichtlicher Emanzipation gilt, dass die ›vox populi‹ die massivsten Ansprüche auf ihr gefällige, eigenwertige Ohrenspeisung anmeldet, während aber eine perfekt durchorganisierte, exploitive Bedürfnis-Industrie – mit dem offenkundigen Endzweck totaler Geschmacklosigkeit – solchen Hunger des Volkes im Namen des ›gesunden Volksempfindens‹ immer nachdrücklicher manipuliert. In den früheren musikhistorischen Epochen figurierte demgegenüber das Volk, wie utopisch gleichwohl, im Bewusstsein von Komponisten als realer oder idealer Adressat von entwickeltster Kunst, als schätzenswertes Objekt der schöpferischen Begierden, als Bewährungsinstanz musikalischer Erneuerungen und Fortschrittsgesinnungen. Die großen Innovationen der jüngeren Musikgeschichte jedenfalls – erinnert sei an die Stilwende um 1750, an Beethovens und Berlioz' Sinfonismus, an Wagners Idee der Zukunftsmusik, an Eislers Konzept einer angewandten Musik – sind ohne demokratischen Impuls schwerlich denkbar, und jedenfalls tendieren sie eher zu einer Verbindung als zu einer Separierung von kompositorischen Interessen und populären Bedürfnissen.

Solche Verbindung ist heute mehr denn je formell möglich, substantiell hingegen weniger denn je. So etabliert sich auch hier der allgemeine Zweifel an der historischen Sinnfälligkeit des menschlichen Fortschrittsdenkens, gleicht es doch mitunter weit bedrohlicher als früher – um mit Marx zu reden – »jenem scheußlichen heidnischen Götzen, der den Nektar nur aus den Schädeln der Erschlagenen trinken wollte«.[2] Aber wenn wir zumindest die jüngere europäische Geschichte und, darin widerspruchsvoll eingeschlossen, die geschichtliche Bewegung der Künste verstehen wollen, dann müssen wir gerade die Idee des Fortschritts als mächtigen Motor und die vielschichtigen Auseinandersetzungen um ihre je für richtig gehaltene Interpretation oder gar praktische Verwirklichung als eine entscheidende Triebkraft zur Kenntnis nehmen. Auch der musikgeschichtliche Prozess vollzog sich, spätestens seit dem Zeitalter der Aufklärung, im Zeichen wechselnder Fortschrittsvorstellungen und zunehmend als Auseinandersetzung zwischen gegensätzlichen Fortschrittskonzepten. Dabei spielen die historiographischen Anschauungen, ob Fortschritt als universell gültige, gebrochen wirksame oder unbrauchbare Kategorie anzusehen sei, nur eine untergeordnete Rolle. Entscheidend bleibt die Tatsache, dass die produzierenden Akteure, die Komponisten, zu ihr ein höchst ambivalentes Verhältnis entwickeln, das den geschichtlich wachsenden Dissens zwischen technologischer Komplexität und individualisierter Ästhetik einerseits sowie funktionaler Unsicherheit und sozialer Wirkungslosigkeit andererseits widerspiegelt.

Noch im 18. Jahrhundert war beispielsweise die politische Indienstnahme von Musik aller Gattungen und Stile eine rituelle Selbstverständlichkeit, der kein Komponist sich entzog und die kaum Einfluss auf die technischen, stilistischen oder funktionalen Qualitäten des Komponierens hatte. Im Verlauf des 19. Jahrhunderts, unter den Bedingungen des kapitalistischen Marktgesetzes auch für die Musik, emanzipierten sich die kompositorischen Maximen von unmittelbar gesellschaftlichen Zwecksetzungen. Politische Gelegenheitsmusik gar wurde zur kunstlosen Marginalie, während die große, ernsthafte Produktion als Gegenwelt zur Sphäre der empirischen Realität und prosaischen Wirklichkeit figurierte und als Instanz mehr oder weniger verschlüsselter, sozialer Alternativen, Sehnsüchte und Utopien funktionierte. Im 20. Jahrhundert, unter dem Eindruck kriegerischer Katastrophen, revolutionärer Umbrüche und konterrevolutionärer Diktaturen, zerbrach zunächst das utopische Potential zugunsten fortschreitend radikaler, wenn auch hermetisch artifizieller Einsprüche gegen konkrete politische Gewalt oder im Geiste eines puren Ästhetizismus, der soziales Engagement der Kunst als störendes, befremdliches Ärgernis zu verachten pflegte.

Diese grobe Skizze charakterisiert eine auffällige Tendenz musikalischer Entwicklungen, die die Entfaltung ästhetischer Autonomie mit dem Verlust an weitgreifender gesellschaftlicher Resonanz schmerzlich genug bezahlte. So notwendig sich der widersprüchliche Prozess unter bürgerlichen Verhältnissen aber vollzog (und von sensiblen Komponisten auch reflektiert wurde), er schien nicht unaufhaltsam und sogar umkehrbar zu sein. Insbesondere eröffnete sich eine alternative Perspektive für die Musik nach der Oktoberrevolution und mit den Kämpfen um sozialistische Produktionsverhältnisse vor allem in der Sowjetunion. Ihr Fortschritt sollte nun in der unmittelbaren Teilnahme an der sozialen Umwälzung, an der ästhetischen Erziehung der breiten Massen und an der inneren Harmonisierung der neuen Gesellschaft bestehen. Ihr technischer Standard und ihr ästhetisches Niveau würden hinfort an der Effizienz solcher Anteilnahme und an der Erfüllung solcher ›Aufträge‹ gemessen werden. Wichtigste Voraussetzung dafür sei die Abkehr der Künstler von elitären Positionen und ihre Einsicht, dass es – so Lenin in einem Kunstgespräch mit Clara Zetkin – unerheblich ist, »was die Kunst einigen Hundert, ja einigen Tausend von einer Bevölkerung gibt, die nach so vielen Millionen wie die unsrige zählt. Die Kunst gehört dem Volke. Sie muß ihre tiefsten Wurzeln in den breiten schaffenden Massen haben. Sie muß von diesen verstanden und geliebt werden. Sie muß sie in ihrem Fühlen, Denken und Wollen verbinden und entwickeln.«[3] Dieses Leninsche Programm, eine der ethisch rigorosen Wurzeln sozialistischer Kunst- und Musiktheorie, hat viel Kreativität in seinen Bann gezogen, hat materielle Gewalt auf das sowjetische Kunstleben ausgeübt und die musikalische Wirklichkeit auch weit darüber hinaus eingreifend beeinflusst. Wie immer man es beurteilt und angesichts der widersprüchlichen Ereignisse, der überspannten Forderungen und gescheiterten Hoffnungen kritisch werten sollte: Es darf als leitende Idee und lenkende Kraft einer musikgeschichtlichen Gegenbewegung zu den Fortschrittstheorien in der bürgerlichen Musikkultur nicht unterschätzt werden, wenn man nicht will, dass sich die klingenden Produkte aus jener Bürgerwelt zum einzigen wesentlichen Faktum der musikalischen Neuzeit erklären.

Viele revolutionäre Umbrüche der Gesellschaft führten zu Debatten über die Funktion der Künste und zu Eingriffen in ihre Entwicklung. Auch nach 1917 wurde der zentralisierte Kampf gegen vermeintlich reaktionäre Inhalte autonomer Musik zielstrebig eröffnet und demgegenüber aktives Engagement, streitbare Parteilichkeit und mobilisierende Wirkungen der Musik gefordert. Diesem sozialen Impuls folgten die meisten Komponisten, zumal er anfänglich die volle Entfaltung individueller Interessen und einen breiten Spielraum des avantgardistischen Experimentierens einschloss. Erst seit den 30er Jahren erstarrten – natürlich nicht grundlos und nicht einfach auf Befehl – die experimentellen Orientierungen zu einem engen Regelkanon von kulturpolitischen Restriktionen, kunstmoralischen Appellen und stilistischen Normen, mit dessen Hilfe die sowjetische Musik vor allem auf einen sozusagen radikal antimodernen, populistischen Kurs gewiesen wurde. Die Verzerrung von substantiell durchaus vernünftigen Prinzipien unter politisch außerordentlich schwierigen und problematischen Umständen erreichte dann (nach einer ersten Anstrengung Mitte der 30er Jahre) im Jahrfünft von den bekannten Februar-Beschlüssen des ZK der KPdSU 1948 bis zu Stalins Tod 1953 extreme Ausmaße. Während das sowjetische Musikschaffen schärfster ästhetischer Zensur unterlag, wurde das Programm des ›Sozialistischen Realismus‹ in schematischer Form für alle sozialistischen Länder verbindlich und auch dort mit dem Kampf gegen so genannten Formalismus – die nahezu gesamte zeitgenössische Musik des Westens, und zwar in elitären wie populären Spielarten – verbunden. So verschärften sich in der Mitte des Jahrhunderts, in den Jahren um 1950, die Gegensätze der musikalischen Entwicklung zu einem geradezu dramatischen Konflikt. Einerseits radikalisierte eine junge Avantgarde das kompositorische Denken so tiefgreifend, dass die Sprache der neuen Musik damals ihre soziale Verbindlichkeit völlig preiszugeben schien. Und andererseits waren die Komponisten in den sozialistischen Ländern auf ein ästhetisches Credo verpflichtet, das gerade die allerbreiteste Wirksamkeit von Musik zu ihrer fortschrittlichsten und daher wichtigsten Norm erklärte. Zwischen beiden Lagern, der avantgardistischen Musik westlicher Prägung und dem musikalischen Traditionalismus im Zeichen des ›Sozialistischen Realismus‹, entstand ein fundamentaler, kaum überbrückbarer Gegensatz. Er erhielt seine besondere Brisanz durch theoretische Kontroversen, deren polemische Aggressivität und grobe Feindseligkeit nicht zuletzt aus dem kalten Krieg der Ideologien im politisch gespaltenen Europa resultierte.

Die erste wichtige Schaltstelle für den Export der Realismustheorie bildete der 2. Internationale Kongress fortschrittlicher Komponisten und Musikkritiker, der im Mai 1948 in Prag stattfand. Unter den 25 Referenten aus 19 Ländern befand sich als österreichischer Delegierter auch Hanns Eisler. Er sprach über ›Gesellschaftliche Grundfragen der modernen Musik‹ und verurteilte dabei besonders die kapitalistische Kulturindustrie, die die »wahre Kunst zur Ware Kunst« gemacht habe. Nachdem er die beiden wichtigsten Repräsentanten neuer Musik, den (überhitzten) Ausdrucksmusiker Schönberg und den (kalten) Neoklassizisten Strawinsky, pars pro toto disqualifiziert hatte (wobei er im Falle seines Lehrers eine Ehrenrettung versuchte), schloss er mit der Empfehlung eines sozialistisch motivierten Fortschrittskonzepts: »Nach all diesen Exzessen und Experimenten scheinen die Aufgaben der Musiker in unserer Zeit vielleicht darin zu liegen, die Musik in einer zuerst (vielleicht) bescheideneren Weise in eine höhere Form der Gesellschaft zurückzuführen, vom Privaten zum Allgemeinen. Und diese höhere Form ist eine Gesellschaft von freien Menschen, in der die Ausbeutung des Menschen durch den Menschen aufgehoben ist. Dann mag die Musik [...] einen freundlicheren und freudigeren Charakter wieder annehmen nach dieser Periode der Unlust, Mühe und Qual mit sich selbst.«[4]

Die letzten Tage des Prager Kongresses waren der sowjetischen Delegation vorbehalten, die der neu gewählte 1. Sekretär des Komponistenverbandes, Tichon Chrennikow, leitete. Sie erläuterte den Februar-Kurs des ›Sozialistischen Realismus‹ der unnachsichtigen Strenge und brachte ihn in den offiziellen Dokumenten, einer Resolution und einem Aufruf, voll zur Geltung. Darin heißt es abschließend, dass »eine erfolgreiche Überwindung der Krise der Musik [...] unter folgenden Bedingungen möglich zu sein« scheint: »1. Wenn sich die Komponisten dieser Krise bewußt werden und auf Tendenzen des extremen Subjektivismus verzichten, wird die Musik zum Ausdruck neuer großer und fortschrittlicher Ideen und Gefühle der breiten Massen und alles dessen, was in der gegenwärtigen Ära fortschrittlich ist. 2. Wenn sich die Künstler in ihren Werken fester mit den nationalen Kulturen ihrer Länder verbinden und sie gegen die falschen kosmopolitischen Tendenzen verteidigen, weil ein echter Internationalismus in der Musik nur das Ergebnis der Entwicklung ihres nationalen Charakters sein kann.«[5] Eislers Entwürfe zu diesem Aufruf und dessen endgültige Fassung machen nebenbei deutlich, dass er, gemessen an den sowjetischen Vorstellungen, eine offenkundig noch zu liberale Position vertrat. In einer Bilanz des Kongresses, in der *Sowjetskaja Muzyka*, polemisierte Chrennikow gegen Teilnehmer wie Francis Poulenc, Georges Auric, Alan Bush und vor allem Hanns Eisler: »Jedoch sogar diese Komponisten, die bewußt die Demokratisierung ihrer Kunst anstreben, sind noch längst nicht frei vom Druck der formalistischen Einflüsse. In ihrer Musik ist die modernistische Neigung noch heftig zu spüren, die in der gewollten Kompliziertheit der Form und der Abstraktheit der Sprache deutlich zum Ausdruck kommt.«[6] Noch in einer solchen Marginalie wird deutlich, dass trotz gegenteiliger Beteuerungen die schöpferischen Spielräume hart eingegrenzt und für einige Jahre von Entwicklungen in der übrigen Kunst-Welt scharf abgegrenzt blieben.

Die politische Indienstnahme der Künste, die vor allem die Politiker wünschten, stieß wahrlich auf wenig Gegenliebe bei den ständig beargwöhnten Künstlern. Sie reagierten, wie etwa Schostakowitsch, mit verdeckter Polemik, indem sie neben Pflichtübungen auch Werke schufen, die jene Pressionen thematisierten und daher zeitweise der Öffentlichkeit vorenthalten werden mussten. Aber so, wie Heerscharen sowjetischer Ästhetiker und prominente Musikologen wahre Giftkübel von Verleumdungen über die größten Komponisten des Jahrhunderts ausgossen – besser nicht nachzulesen in der bei uns erschienenen Publikationsreihe ›Musik und Zeit‹ –, so zahlten natürlich unabhängige Beobachter wie politische Gegner im Westen mit kaum kleinerer Münze zurück, mit Krokodilstränen teilweise, die keinen klaren Blick erlaubten. Im Gewirr emotionsgeladener Verdikte gab es hin und wieder auch argumentierende Kritik, die die damalige Unversöhnlichkeit der sozialistischen und avantgardistischen Standpunkte betonte. Neben René Leibowitz' existentialistisch begründeter Abrechnung mit der sowjetischen Kunstlehre[7] ist insbesondere Adornos Aufsatz von 1948 über die »gegängelte Musik« zu erwähnen.[8] Unmittelbar Bezug nehmend auf die Prager Dokumente (und wohl speziell auf die Mitverantwortung seines alten Freundes Eisler) analysiert er die »kulturpolitischen Maßnahmen in der sowjetischen Einflußsphäre«[9], um sie als »Herrschaftsmittel« zur »Gleichschaltung« der Künste »mit der Generallinie«[10] bloßzustellen. Die Kernsätze lauten: »Die Proklamation geht davon aus, daß Musik und Musikleben unserer Zeit in einer tiefen Krise stünden [...]. Der Begriff der Krise läßt sich (aber) nicht von der Ökonomie auf die Kultur übertragen. Ziel wäre eine krisenlose Gesellschaft, nicht eine krisenlose Kultur: und jener kann heute ihr ästhetisches Recht bloß in kritischer Kunst werden. Die Herstellung eines spannungslosen Zustands des Bewußtseins, und von Produkten, die diesem entsprechen, würde nur die Verblendung verstärken. Es war Aufgabe der Kunst, seit es überhaupt eine entwickelte Tauschgesellschaft gibt, der immer weiter fortschreitenden institutionellen Umklammerung des Lebens zu opponieren und ihr ein Bild des Menschen als eines freien Subjekts entgegenzuhalten. Im unfreien Zustand aber ist Kunst des Bildes der Freiheit mächtig nur in der Negation der Unfreiheit. Sie spottet des Aufrufs zum Positiven. Das kommandierte Unwillkürliche ist komisch. Funktion der Kunst ist es nicht, ein Zahnrad im Getriebe abzugeben, sondern eines Zustands sich zu erwehren, in dem alles nur für irgend etwas ›funktioniert‹. Unter administrativer Kontrolle, dem Eingriff rankünerfüllter Zensoren ausgeliefert, wird Kunst gerade durch ihre vollendete Zweckmäßigkeit zwecklos, durch ihre reibungslose Vergesellschaftung gesellschaftlich falsch. Während die Resolution sich gebärdet, als liege ihr die Rettung der Musik am Herzen, wirkt sie daran mit, sie zu lähmen.«[11]

Adorno fühlte sich zu seiner Reaktion gedrängt, weil jene Prager Dokumente nicht nur »mit großem taktischen Geschick« abgefasst waren, wie er bekannte, sondern »Elemente der Wahrheit in den Dienst der Ideologie«[12] stellten: gingen sie doch von musiksoziologischen Befunden des kapitalistischen Kulturbetriebs aus, die Adornos Einsichten durchaus entsprachen. Er »als Exponent der neuen«, avancierten Musik, der »die innere Gefährdung der fortgeschrittenen Produktion durch ihre gesellschaftliche Isoliertheit [...] aufs stärkste hervorgehoben« habe, sah sich verpflichtet, »dem Mißbrauch solcher Motive im Dienst von Reaktion und Unterdrückung auch dann entgegenzuarbeiten, wenn diese mit einem progressiven Vokabular sich tarnen«.[13]

Adornos theoretische Invektiven im Namen fortschreitender künstlerischer Autonomie und immanenter Ideologiekritik mögen, scharfsinnig, fürs Erste bestechen – aber sie tragen nicht wirklich, sondern brennen im gegenparteilichen Eifer antikommunistischen Gefechts. Die Vorstellung von der oppositionellen Kraft der musikalischen, ›absoluten‹ Avantgarde ist ein Trugbild, wie es ein Zerrbild ist, wenn er sozialistisch intendierter Kunst unterstellt, sie bilde sich nur durch totale Anpassung an die Kommandos der Apparate. Die Freiheit der Kunst im Kapitalismus besteht unter anderem in der stets akuten Gefahr, durch, wie Brecht sagt, »polizeizensur und geschmackszensur des ›freien marktes‹ korrumpiert und zur sozialen Unverbindlichkeit gezwungen«[14] zu werden. Andererseits verweigern sich die meisten Künstler im Sozialismus der demokratischen Perspektive und dem sozialen Auftrag der Kunst keineswegs, wenn sie sich gegen unsachliche Bevormundungen wehren – wofür unter anderem Eisler und Schostakowitsch instruktive Beispiele gegeben haben. Adorno übersieht natürlich die geschichtliche, soziale und kulturelle Spezifik der Sowjetunion, den Bildungsstand und die vorindustrielle Ästhetik von Millionen, die mit Gewalt den Feudalismus zu überwinden hatten. Er bedenkt nicht das Moment historischer Kontinuität und die Bedeutung der realistischen Traditionen, die, wie Kurt Blaukopf feststellt, »nicht erst seit Tolstoi, Dostojewski, Repin und Mussorgski ein Element der Auflehnung gegen die Selbstzweckhaftigkeit der Kunst, gegen ihre Autonomie enthalten«.[15] Er vergisst die Wandlungen der Realismus-Auffassung und kritisiert ohne die nötige Dialektik Prinzipien des ›Sozialistischen Realismus‹ nach Maßstäben, die ihn aufgrund politisch-psychologischer Umstände zeitweilig pervertiert haben. Und schließlich hätte er wahrnehmen können, dass trotz dogmatischer Überformungen und administrativer Überspitzungen die Musik in ein soziales Diskussionsfeld einbezogen wird und durch Kritik und Selbstkritik zum Dialog mit der Gesellschaft in einer aktiven Weise aufgerufen ist, die der Kunst auch von Nutzen sein kann und sein sollte.

Die damaligen Auseinandersetzungen um extrem verschiedene Entwicklungsmöglichkeiten der neuen Musik bzw. des musikalisch Neuen waren von Dauer, weil sie die fortan getrennten, teils gegenläufigen Wege auf den Böden der bürgerlichen und sozialistischen Gesellschaften begleiteten. Der Streit ging, wie wohl deutlich wurde, im Kern um die ebenso alte wie parteiische Frage, was musikalischer

Fortschritt sei, wer ihm wahrhaft diene oder ihn wirklich zur Geltung bringe. Er war wohl unumgänglich, wenn auch nicht sehr rühmlich; er war sicher prinzipienfest, aber nicht auf Dauer erfolgreich – für beide Seiten nicht! Er wäre wohl kaum von Interesse, wenn man nur die meist fruchtlosen scholastischen Argumente rekonstruiert, mit denen die jeweils eine Seite der anderen den Mangel an fortschrittlicher Gesinnung und den Rückfall in regressive Intoleranz vorwarf. Der Wert des Diskurses besteht vielmehr in der nachträglichen Einsicht, dass er zwar am Gegensatz zwischen bürgerlich fundierten und sozialistisch orientierten Fortschrittskonzepten einen wesentlichen Widerspruch der musikhistorischen Prozesse erfasst, aber den wirklichen Reichtum und die tatsächliche Differenziertheit der lebendigen kompositorischen Praxis eher verdeckt und verfehlt. Man denke – zu freundlicher Warnung vor neuer Dogmatik – nur an das weitere Schicksal des ›Sozialistischen Realismus‹ auf musikalischem Gebiet. Heute wird in den meisten Ländern des ehemaligen Ostblocks überhaupt nicht mehr über ihn gesprochen, während er in anderen, so bei uns, entweder als ganz allgemeine Leitformel kulturpolitischer Programmatik figuriert oder als Gegenstand rein akademischer Betrachtungen und historischer Studien existiert. Seine Kriterien können zwar noch immer in der Kunstkritik und in allerhöchsten Sonntagsreden begegnen, aber man wird – auch aufgrund notorischer theoretischer Konfusion – vergeblich nach ernst zu nehmenden Komponisten suchen, die ihnen ehrgeizig folgen oder auch nur zu sagen wüssten, wie das konkret möglich sei. In gewisser Weise haben vor allem die alten Kronzeugen jenes Programms dieser neuen Situation vorgearbeitet. Als beispielsweise nach der ersten Aufführung der 10. Sinfonie von Dmitri Schostakowitsch im Jahr 1954 in der sowjetischen Musikszene eine der heftigsten Debatten um das Werk und das Problem seiner sozialistisch-realistischen Fortschrittlichkeit ausbrach, zeigte sich die ganze Hilflosigkeit und Haltlosigkeit der kritisch-abmessenden, bloß stilfixierten Argumentation. Während die Sinfonie eigene und neue Maßstäbe realistisch intendierter Musik setzte, offenbarte die Theorie ihre völlige Abstraktheit und den ganzen Formalismus ihres Kategoriengeklappers. Sie war gezwungen, diese Kategorien hinfort wieder zu dynamisieren, zu relativieren und zu historisieren, vor allem nun stärker an den Resultaten des realen Kunstprozesses und seinen herausragenden Repräsentanten selbst zu orientieren.

Der Weg zu solchen Einsichten und Rücksichten war langwierig und mühsam, und hoffentlich ist er irreversibel, was er sein müsste, wenn man aus historischen Erfahrungen denn Lehren ziehen will. Zwar kam es schon in der so genannten Tauwetter-Periode unmittelbar nach Stalins Tod zu gewissen Korrekturen, aber erst knapp zwei Jahre nach dem XX. Parteitag der KPdSU, der das System des Stalinismus analysierte, wurde im Juni 1958 offiziell der restriktive Musikbeschluss von 1948 aufgehoben. Dabei ging es keinesfalls um eine prinzipielle Änderung der Musikpolitik, sondern lediglich um das Eingeständnis überspitzter Urteile und des Fehlers, einzelne Komponisten oder Werke in Bausch und Bogen verdammt zu haben. Besonders im Hinblick auf die avancierte Musik des Westens blieb die Theorie weiterhin unduldsam, obwohl die wachsenden Freiräume der Komponisten den Umgang mit modernen Gestaltungsmitteln ganz allmählich enttabuisierten. Während der 60er Jahre begann sich dann aber die starre Front zwischen ›realistischen‹ und ›modernistischen‹ Konzepten zu verwirren und gar zu verwischen. In den sozialistischen Ländern ließen sich die führenden Komponisten nicht länger davon abhalten, mit den avancierten Techniken und neuesten klanglichen Entdeckungen zu experimentieren. Es entstand eine sozialistische Moderne, die sich von dirigistischen Zwecksetzungen emanzipierte und, teilweise mit kritischer Intention, die Schranken einer kurzschlüssig funktionsorientierten, massenhörigen Ästhetik durchbrach. Andererseits löste sich das streng technizistische Fortschrittskonzept des musikalischen Avantgardismus in den westlichen Ländern auf und machte den Platz für allerlei postmoderne, das heißt auch neue wirkungsstrategische Überlegungen frei. Dabei spielen sozusagen konservierende Rück-Sichten, massenverbundene Bestrebungen, überhaupt Erwägungen zur sozialen Wirksamkeit und zum gesellschaftlichen Engagement neuer Musik wieder eine größere Rolle.

Das Komponieren hatte in der sozialistischen Welt bis Ende der achtziger Jahre im Hinblick auf technische, stilistische, funktionelle Differenziertheit gewiss hörbare Fortschritte gemacht. Gleichzeitig war es von den alten theoretischen Forderungen nach harmonistischen Übereinstimmungen zwischen Musik und Gesamtgesellschaft weiter entfernt denn je zuvor. Das Komponieren in der bürgerlichen Welt wies, gemessen an den Postulaten der musikalischen Avantgarde in jener Zeit, Züge von Regression, maßstabloser Pluralität und Orientierungsschwäche auf. Heute wächst ein praktisches Bedürfnis nach neuer sozialer Sinngebung und Wahrnehmbarkeit in den schmal gewordenen Lücken zwischen Unterhaltungs-Delirium und Klassik-Rausch. Es ist kaum verbindlich zu sagen, wer kompositorisch musikalischen Fortschritt verbürge, wo er zu suchen und wie er zu bestimmen sei. Elite-Avantgardismus und Popular-Realismus als konzeptive Alternativen musikalischer Weltveränderung haben ihre alte Autorität eingebüßt und Alleinvertretungsansprüche preisgeben müssen.

Wenn aber nicht kopflos Mittelmäßigkeit und Allbeliebigkeit das Erbe antreten und in Zukunft allein noch das quodlibethaft Neue in der Musik bestimmen sollen, dann müsste orientierende Theorie, die den sachlichen Gegebenheiten gegenüber nicht abstrakt bleibt und vor lauter Breite und Vielfalt nicht abdankt, wieder gefragt sein. Wie immer sie zu gestalten wäre oder zu funktionieren hätte: Der kritischen Erinnerung und vorurteilsfreien Bilanz von Erfahrungen – besonders der problematischen – dürfte sie sich nicht entziehen. Dann könnte deutlicher als schon jetzt hervortreten, dass in der hier skizzierten Kontroverse um den musikalischen Fortschritt beide Lager, die uns bisher berührt haben, Vorwärtsweisendes und Rückschrittliches, Gewinne und Verluste bedenken müssen. Wenn jedoch heute, als schnelles Fazit, für Fortschritt gehalten wird, was ein bisschen Avantgarde mit ein bisschen Popularität vermengt, dann kann das doch nicht alles sein, was wir brauchen: Denn so etwas gab es auch immer schon und besonders zwischen den extremen Orientierungen in der neuen Musik unseres Jahrhunderts! Schönberg nannte es kurz und bündig und immer noch treffend: den »Segen der Sauce«.[16] Wie aber nun gutes Fleisch wächst, das weiß wohl Theorie vorgreifend nicht zu sagen.

Anmerkungen

1 Vgl. C. Dahlhaus, Avantgarde und Popularität. In: Schönberg und andere – Gesammelte Aufsätze zur Neuen Musik, Mainz 1978, S. 49 ff.

2 K. Marx, Die künftigen Ergebnisse der britischen Herrschaft in Indien. In: Marx/Engels Werke, Berlin 1956 ff., Bd. 9, S. 226

3 C. Zetkin, Erinnerungen an Lenin, Berlin 1957, S. 17

4 H. Eisler, Gesellschaftliche Grundfragen der modernen Musik. In: Musik und Politik, Bd. 2 (Schriften 1948–1962), Leipzig 1982, S. 22

5 Zit. nach Hudebni rozhledy, Prag, I (1948), 2/3 vom 30. 11. 1948, übersetzt von M. Havlova, redigiert vom Autor (autorisierte deutsche Übertragung liegt nicht vor)

6 Sowjetskaja Muzyka, zit. nach Hanns Eisler, Musik und Politik, a.a.O., S. 23 (Anmerkung des Herausgebers G. Mayer)

7 Vgl. R. Leibowitz, L'artiste et sa conscience, Paris 1950

8 Th. W. Adorno, Die gegängelte Musik. In: Dissonanzen – Musik in der verwalteten Welt, Göttingen 1982, S. 46 ff.

9 Adorno, a.a.O., S. 46

10 Ebd.

11 Ebd., S. 48 f.

12 Ebd., S. 47

13 Ebd., S. 48

14 B. Brecht, Arbeitsjournal 1938–1955, Berlin 1977, S. 421 (Notiz vom 24. 3. 1947)

15 K. Blaukopf, Musik im Wandel der Gesellschaft, München 1982, S. 314

16 Vgl. A. Schönberg, Der Segen der Sauce, in: Stil und Gedanke. In: Gesammelte Schriften, Bd. 1, Frankfurt/Main 1976, S. 148 ff.

Wie Volkstümlichkeit und Moderne zusammenkommen

oder: Béla Bartók, Zoltán Kodály und der ungarische Weg

Habakuk Traber

Die deutsche Sprache erlaubt feine Differenzierungen. Aber in mindestens drei entscheidenden Lebenssphären bleibt sie ungenau, duldet Grauzonen, in denen Begriffsverwirrungen gedeihen. Bei der Liebe unterscheidet das Lateinische den Amor von der Caritas; das Französische differenziert zwischen Citoyen und Bourgeois, wo wir einfach vom Bürger reden; die Römer aber setzten Volk nicht gleich Volk, sondern grenzten die ›plebs‹, die Masse der kleinen Leute und der Underdogs, gegen den ›populus‹, den schichtenübergreifenden, allumspannenden, ab. An Fremdworten merken wir, was uns fehlt. Ein Volksaufstand ist ein plebejisches Unternehmen; Volksabstimmung nennt man Plebiszit; das Volkstümliche aber heißt im Lehnwort ›populär‹. Bertolt Brecht erklärte, das Volk sei nicht ›-tümlich‹ (woher er das wohl wusste?), und meinte damit sicher auch, das ›-tümliche‹ sei nichts fürs Volk. Gestandenes, geschichtsbewusstes Plebejertum sei der Sucht nach Popularität politisch entschieden vorzuziehen. Aber auf Deutsch kann man das einfach nicht richtig erklären, ohne es zu verfremden.

Etwas weiter südöstlich wurde die Diskussion anders geführt, die praktischen Ergebnisse, die man ›Musikleben‹ nennt, klangen daher auch anders. Ungarn hatte seinen Bartók, hatte seinen Kodály. Beide waren Komponisten, akademisch solide gebildet, beide sammelten Volkslieder. Könnte man sich das hierzulande vorstellen, im 20. Jahrhundert? Gewiss: Die Romantik pflegte den ›Volkston‹ als Ausdrucksmittel, als Ideal. Haydn sah die höchste Kunst darin, ein musikalisches Werk gelehrt und »popular« zugleich erscheinen zu lassen. Brahms setzte Volkslieder, gewährte ihnen Gastspiele in seinen Instrumentalwerken. Aber wenn er ein Werk ganz aus ihnen und ihren bündischen Verwandten bestritt wie in der *Akademischen Festouvertüre*, dann produzierte er superintelligenten Ulk. Durch Mahlers Symphonien geistern Volkslieder – wie arme Leute in guter Gesellschaft.

Béla Bartók (1881–1945) aber setzte nach musikalisch durchlebter Frankreichbegeisterung beim ungarischen Volkston an. Nicht bei dem, was man in den Städten als Amüsement und Unterhaltung bot, sondern bei den Liedern der Leute draußen auf dem Lande. Die alten Weisen hatten sich dort lange gehalten, wie in einem Reservat. Aber was machte sie für Künstler, die den kulturellen Aufbruch suchten, attraktiv?

Forschungen

1904 notierte Béla Bartók zum ersten Mal ungarische Bauernmusik – ein Lied, das ihm ein Mädchen aus Gömör vorsang. Was er hörte und fixierte, unterschied sich grundlegend von dem, was bis dahin – besonders in den Städten – als ungarische Folklore kursierte und von patriotisch gesinnten Komponisten aufgegriffen wurde. Die musikalische Muttersprache der Magyaren, um die man sich in der Zeit eines erstarkenden Nationalgefühls mit hohem Eifer kümmerte, musste wohl woanders zu finden sein: dort, wohin der nivellierende Einfluss der westlichen Musik nicht reichte, in entlegenen ländlichen Gegenden, deren musikalisches Brauchtum sich von den Einwirkungen der kakanischen Unterhaltungskultur unbeeinflusst gehalten hatte. Im Jahr nach der Erstbegegnung mit dörflicher Musik, die man in den Städten kaum mehr kannte, schloss Bartók Bekanntschaft und schließlich enge Freundschaft mit einem knapp zwei Jahre jüngeren Kollegen, der damals bereits die erste Studie über ungarische Volksmusik veröffentlicht hatte: Zoltán Kodály (1882–1967). Die künftigen Reisen zur Erforschung lang tradierter, ursprünglicher Volksmusik unternahmen die beiden zum großen Teil gemeinsam. Sie zeichneten das, was ihnen die Landleute vorsangen, mit einem Edison-Phonographen auf, dokumentierten es, wenn möglich, in mehreren Versionen, notierten es, so gut es ging, in der gebräuchlichen Notenschrift, sichteten, ordneten, analysierten, verglichen und systematisierten es. Die wissenschaftlichen Ergebnisse ihrer Untersuchungen publizierten sie in Fachzeitschriften. Sie waren nicht die Ersten, die sich so auf Forschungsfahrt begaben, doch sie vollbrachten die entscheidenden Leistungen für die ungarische Musikethnologie und für ihre vitale, enge Verbindung zum zeitgenössischen Musikleben des Landes, das bis 1918 relativ autonomer Teil des habsburgischen Kaiserreiches war.

Béla Bartók

Bartók und Kodály begannen ihre Arbeit in Gegenden mit überwiegend ungarischer Bevölkerung, erweiterten ihr Forschungsgebiet jedoch bald. 1906 konzentrierten sie ihre Recherchen auf die Große Ungarische Tiefebene und auf den Norden des Landes, noch im selben Jahr beschäftigten sie sich mit slowakischer Folklore, die einen großen gemeinsamen Fundus mit der ungarischen teilt, wie Bartók bald herausfand. Ebenfalls 1906 erschien die Sammlung *Zwanzig unga-*

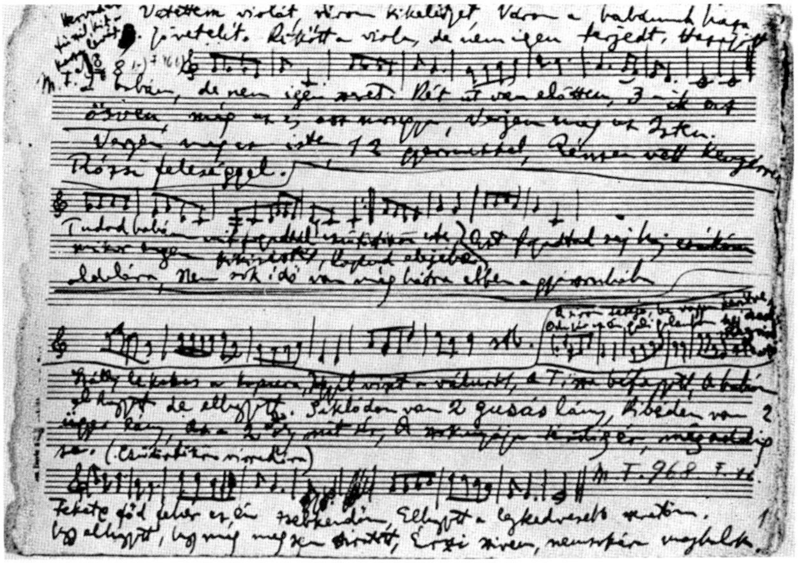

Ein Blatt aus Bartóks Volksmusik-Sammelheft

rische Volkslieder, je zehn Sätze von Bartók und von Kodály zu magyarischen Bauernmelodien. 1907, im Jahr, als Bartók auf eine Klavierprofessur an der Budapester Musikakademie berufen wurde, stand Siebenbürgen im Zentrum des Interesses, eine Region mit langer multikultureller Prägung. Ungarische, rumänische, deutsche Traditionen trafen dort aufeinander, trennten und inspirierten sich. Ab 1908 setzte sich Bartók mit rumänischer Volksmusik auseinander; sie

Bartók sammelt slowakische Volkslieder im Dorf Darász, 1908

bildete den Schwerpunkt für etliche Jahre. Die ersten systematischen Ergebnisse trug er in der Sammlung *Chansons populaires roumaines du département Bihar* vor, die 1913 auf Rumänisch und Französisch erschien.

Mit seinen kulturellen Grenzüberschreitungen und mit seiner wissenschaftlichen Objektivität schuf sich der Komponist und Forscher nicht nur Freunde. Zwischen Magyaren und Rumänen wuchsen nach 1900 die Spannungen. Sie gipfelten darin, dass Ungarn im Ersten Weltkrieg auf der Seite Österreichs/Deutschlands, Rumänien dagegen in der Koalition der Entente stand. Bartók bewegte sich zwischen den Fronten. Ungarische Kritiker griffen ihn an, weil er sich mit der Kultur der ›Feinde‹ beschäftigte und sie sogar seinen Kompositionen zugrunde legte. Die rumänische Seite beschuldigte ihn des Unverständnisses und der Verfälschung. Sie stieß sich vor allem daran, dass Bartók starke ungarische Einflüsse auf einen Teil der rumänischen Volksmusik in Siebenbürgen, im Gebiet von Hunyad, feststellte. 1937, im Vorfeld des Zweiten Weltkriegs, erinnerte Bartók in einem Aufsatz über ›Volksmusikforschung und Nationalismus‹ daran: »Ich habe schon vor längerer Zeit festgestellt, daß ein verhältnismäßig kleines, an die Szekler-Ungarn in Siebenbürgen angrenzendes rumänisches Gebiet in seiner Musik unter starken Szekler-ungarischen Einfluß geraten ist. Dieser Tatbestand genügte, um von gewissen rumänischen Publizisten in der schärfsten Weise angegriffen zu werden. Man versuchte dabei nicht einmal, Gegenbeweise zu erbringen. Offensichtlich betrachtete man die Behauptung, wonach ein Viertel der rumänischen Volksmusik Siebenbürgens von ungarischer Volksmusik beeinflußt wäre, als ein Attentat gegen das Rumänentum.

Zum Glück stößt man nicht überall auf diese pathologische Empfindlichkeit. Ich habe in meinen Arbeiten zum Beispiel einen ungarischen Einfluß auf die slowakische Volksmusik festgestellt, der sich

Ein slowakisches Volkslied aus Bartóks Sammelheft

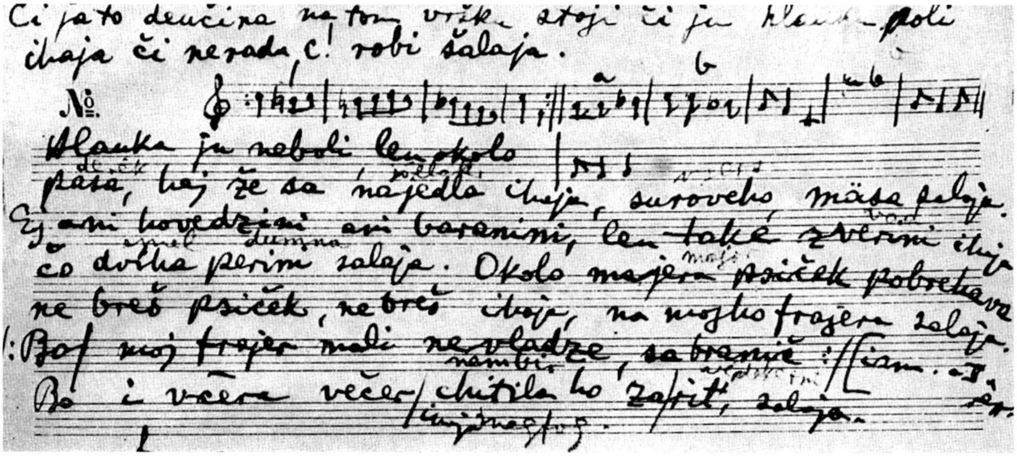

etwa auf zwanzig Prozent des slowakischen Materials bezieht, ferner stellte ich fest, daß etwa vierzig Prozent des ungarischen Materials fremden, meistens aus dem Norden stammenden (das heißt mährisch-slowakischen) Einfluß aufweist. Soviel ich weiß, hat sich darüber weder in der Tschechoslowakei noch in Ungarn jemand aufgeregt.

Die ideologischen Spannungen unserer Zeit begünstigen leider das Umsichgreifen der krankhaftesten Einseitigkeit anstatt des Vorherrschens einer objektiven Betrachtung. Wenn aber die oben geschilderte Voreingenommenheit sich in wissenschaftlichen Debatten immer deutlicher bemerkbar macht, dann ist es um die Wissenschaft geschehen.«[1]

Der Schritt über Europa hinaus

1913, nach Untersuchung ukrainischer, bulgarischer und kroatischer Folklore, dehnte Bartók seine Forschungen erstmals auf den außereuropäischen Raum aus. Er reiste durch Algerien, machte dort unter abenteuerlichen Bedingungen seine Aufzeichnungen. Als er 1932 auf einem Kongress über arabische Musik in Kairo zum ersten Mal Musiker aus dem Irak hörte, konstatierte er: »Die Musik der Iraker erinnert mich stark an Dumy-Melodien der Ukrainer, die ich intensiv studieren konnte. Ukraine – Irak – Djelfa (in Algerien): das sind die Spitzen eines Dreiecks, deren jedes von den zwei andren viele tausend Kilometer entfernt ist. Wir vermuten hier eine merkwürdige, über Wüsten, Hochgebirge und Meere hinübergreifende Kette von Beeinflussungen. Leider kennen wir nur die Anfangsringe der Ket-

In Kairo zum Kongress über arabische Musik (1932). Von links nach rechts: Gertrud und Paul Hindemith, Jenö Takács, Bartók ten; wie sehr wichtig wäre es jedoch, auch die vermittelnden Kettenglieder zu erforschen und zu kennen.«[2]

Die Vermittlungen zu entdecken blieb späteren Generationen vorbehalten. Bartók und Kodály vertieften ab 1913 ihre Feldforschungen durch weitere Recherchen. Ihre Aussagen wurden genauer, die Querverbindungen zwischen den osteuropäischen Kulturen traten deutlicher hervor. Den Stand ihrer Arbeit referierten sie in Aufsätzen, Vorträgen und wissenschaftlichen Publikationen einer interessierten Öffentlichkeit. Die größte Wirkung aber dürfte von der musikalisch-kreativen Verarbeitung ihrer erworbenen Kenntnisse ausgegangen sein. Sie fand auf verschiedenen Ebenen statt: 1908/09 stellte Bartók vier Hefte Klavierstücke *Für Kinder* zusammen. Zwei Bände beruhen auf ungarischen, zwei auf slowakischen Volksliedern und -tänzen. Sie sind unterschiedlich bearbeitet: akkordisch ausgesetzt, dialogisch aufgeteilt oder nach dem System von Vorsänger und Chor differenziert; sie dienen als Anlass für Kanons und ähnliche Formen, dabei bewegen sich die Stimmen oft von verschiedenen Grundtönen aus, gehen eigene Wege, im Zusammenspiel ergibt sich aus zwei Tonarten bisweilen eine virtuelle dritte. Bartók ordnete die Stücke ihrem Schwierigkeitsgrad nach. In der Tradition anspruchsvoller pädagogischer Literatur vermittelte er mit den technischen Fähigkeiten des Klavierspiels zugleich ein musiksprachliches Fundament und Einsichten in die Vielfalt kompositorischer Strukturen.

Béla Bartók (links) mit Zoltán Kodály

Später baute er den Ansatz weiter aus: Die sechs Hefte seines *Mikrokosmos* enthalten Stücke von den ersten Anfängen bis zum Virtuosen. Zum Teil beruhen sie auf volkstümlichem Material aus Ungarn, der Slowakei, Rumänien und Bulgarien. Zum Teil benutzte Bartók das Idiom der alten Folklore für frei komponierte Stücke. Er wandte dabei alle Verfahren des tradierten Komponierens und der überlieferten Formbildung an, verband die Erkenntnisse, die er beim Sammeln und Auswerten der Folklore gewann, mit dem differenzierten Arsenal an Methoden und Ausdrucksformen aus der klassischen mitteleuropäischen Tradition. Dadurch schuf er einen Zugang zur Moderne in der ganzen Breite ihres Spektrums, zu Strawinsky wie zu Schönberg, zu Debussy und Ravel wie zu Hindemith. Ein wesentliches Merkmal seines Musikdenkens kommt dabei zum Vorschein: die Universalität. Universell war seine Auseinandersetzung mit der

Béla Bartók, *Erster rumänischer Tanz*

alten dörflichen Musik, denn er beschränkte sie nicht auf einen Sprachraum. Universell blieb sein Zugang zur Tradition, sie galt ihm als verbindlicher geistiger Maßstab. Im Laufe seiner Entwicklung löste er sich von der Begeisterung für Brahms und Wagner, entdeckte die Faszination von Richard Strauss, Franz Liszt und ihren Symphonischen Dichtungen, wandte sich der französischen Musik, der Kunst eines Debussy und ihrer programmatischen Naturnähe zu. Er hielt seine Linie durch, auch wenn er sich dafür öffentliche und offizielle Schelte einhandelte.

Bartók und Kodály

Darin war er sich mit Zoltán Kodály einig. Von den beiden Freunden schien Kodály für die wissenschaftliche Systematisierung und Aufbereitung des folkloristischen Materials eher prädestiniert als Bartók. Als junger Mensch hatte er länger in ländlichen Gegenden gelebt und mehr unmittelbare Erfahrungen mit der dörflichen Musik sammeln können. 1906 schrieb er eine Doktorarbeit über die besondere Struktur der ungarischen Volkslieder. Er legte ihr teilweise eigenes Forschungsmaterial, teilweise Aufnahmen zugrunde, die Béla Vikár (1859–1945), der Pionier der ungarischen Volksliedforschung, seit 1896 gesammelt hatte. Kodály konzentrierte sich in einer Art Arbeitsteilung mit Bartók vor allem auf die Bauernmusik aus Ungarn, ihre möglichst umfangreiche Dokumentation, ihre möglichst genaue Erforschung und ihre möglichst weite (Wieder-) Verbreitung. Bartók dagegen legte seinen Schwerpunkt eher auf die vergleichende Seite und damit auf den internationalen Aspekt der Musikethnologie. Aus den unterschiedlichen Akzenten in der Arbeit lässt sich zwar kein Gegensatz in den Auffassungen konstruieren, sie fanden jedoch im Komponieren der beiden Musiker ihre Entsprechung. Kodály blieb in seinen Werken, den instrumentalen ebenso wie den vokalen, die sein Œuvre beherrschen, enger am Idiom der ungarischen Folklore, auch dort, wo er nicht auf vorhandenes Material zurückgriff. Bei Bartók führt dagegen von den Volksliedbearbeitungen für eine oder mehrere Singstimmen mit oder ohne Klavier-

Von Bartók gesammelte und notierte ungarische und rumänische Varianten von zwei Volksliedtypen.
Aus seinem 1934 geschriebenen Aufsatz ›Die Volksmusik der Magyaren und der benachbarten Völker‹

begleitung ein konsequenter Weg der Stilisierung, der Abstraktion und der strukturellen Veredelung zu den großen Instrumentalwerken, denen der ungarische Tonfall eine spezifische Färbung verleiht, deren motivische Substanz sich jedoch nicht mehr auf Vorbilder in der Folklore zurückführen lässt. Aus der musikalischen ›Muttersprache‹, die Bartók und Kodály in der ungarischen Bauernmusik (samt ihren vielen Anverwandten) sahen, formte er eine moderne musikalische ›Literatursprache‹. Sie verliert den Kontakt zu den elementaren Formen, Formeln und Ausdrucksweisen der alten ländlichen Traditionen nicht, reißt aber auch die Brücken zur internationalen Musikentwicklung nicht ab.

In Bartóks Werken finden sich zwölftönige Themen und musikalisch-räumliche Konzeptionen, wie sie Schönberg und seine Schüler der ›Komposition mit zwölf nur aufeinander bezogenen Tönen‹ als theoretische Idee hinterlegten. Danach wäre der musikalische Raum als ein Universum aller denkbaren Töne und Klänge aufzufassen, aus dem jedes Werk eine bestimmte Auswahl aktiviert und in Spannungsverhältnisse versetzt. Bildet die alte osteuropäische Volksmusik die gleichsam sprachliche Basis von Bartóks Komponieren, so setzen nach seiner eigenen Aussage Bach, Beethoven und Debussy für ihn die verbindlichen Maßstäbe der Musik als Kunstform. Mit jedem der drei Genannten verbindet sich eine bestimmte Methode, musikalische Ideen darzustellen und mitzuteilen; »sie stehen für kontrapunktisch-lineare Verfahrensweisen (Bach), für thematisch-motivisches Arbeiten (Beethoven) und für harmonisch-klangliches Strukturieren (Debussy). Solche Traditionen setzt Bartók als historische Erfahrung in Beziehung zu einer gleichsam metahistorischen Erfahrung«[3], der Volksmusik als Botin einer alten, aber nicht verschwundenen Zeit.

Synthese: Die *Musik für Saiteninstrumente, Schlagzeug und Celesta*

Mit der *Musik für Saiteninstrumente, Schlagzeug und Celesta* hat Bartók die Synthese zwischen kunst- und volksmusikalischer Tradition, zwischen Volkstümlichkeit und Avantgarde hergestellt. Den ersten Satz kann man als Verschmelzung des Bachschen mit dem zwölftönigen Denken verstehen. Er ist als Fuge angelegt. Ein Thema zieht sich nach und nach durch mehrere Stimmen. Sie tragen teils realen, teils imaginären Charakter, agieren hörbar im Vordergrund und verschwinden aus dem Bereich der Wahrnehmung in den Hintergrund. Das Thema wird zu Beginn von den Bratschen eingeführt. Beim zweiten Einsatz erklingt es eine Quinte höher, beim dritten eine Quinte tiefer als beim ersten Mal. Bei allen geradzahligen Einsätzen wandert es eine Quinte höher, bei allen ungeradzahligen eine Quinte tiefer, bis auf beiden Wegen der tonal fernste Punkt erreicht wird. Danach verläuft der Prozess rückwärts, getragen von der Umkehrung des Themas.

Auf Bach verweist die Form der Fuge. Bartók wandelt sie auf spezifische Weise ab. Auf das zwölftönige Denken deuten das Thema (es setzt die Skala gleichwertiger Halbtonstufen voraus), die systematische Erschließung des musikalischen Raums, seiner Ebenen und Spannungsverhältnisse, und die Tatsache, dass das Thema wie eine vereinheitlichende Idee in den anderen drei Sätzen des Werkes wieder erscheint.

Das Finale formuliert den gedanklichen Gegenpol zum Eröffnungsstück: »Die Themen dieses Satzes haben allesamt ungarischen Charakter (wobei dahingestellt sei, wieweit authentisches Material Berücksichtigung gefunden hat). Impulse aus der Volksmusik bestimmen den Satz auch im weiteren Sinn: Er hat eine vergleichsweise einfache Struktur, macht von einer subtil differenzierenden Dynamik eher beiläufig Gebrauch, so dass der vorherrschende Eindruck ›kräftig‹ ist; weist ein extrem schnelles und über weite Strecken motorisches Tempo auf, dessen furios-virtuose Züge nur vor dem Ende zweimal episodisch breit werden.«[4]

Der zweite und der dritte Satz stehen vermittelnd zwischen den beiden Extremen: Der dritte verbindet in seinem Hauptthema zwölftönige Struktur mit prosaartig freiem Vortrag, wie er einer Form der ungarischen Folklore eigen ist. Der zweite dagegen entfaltet den Charakter streng tempogebundenen Musizierens – darin gleicht er dem Finale – mit dem Satztypus, dem Beethoven einst die ideale Vollendung verlieh: der Sonatenform.

Der elementare rhythmische Schwung auf der einen, die sensible Disposition der Klangfarben auf der anderen Seite ließen die *Musik für Saiteninstrumente, Schlagzeug und Celesta* zu einem der beliebtesten Werke des 20. Jahrhunderts werden. Mancher fand darüber den Zugang zur so genannten Ernsten Musik. Bartók aber gelang darin die Synthese einer folkloristisch verankerten Musiksprache mit einer avancierten Form des musikalischen Denkens. Sie wurde möglich, weil die ungarische Volksmusik der Moderne entgegenkam. Sie hatte noch nicht, was jene nicht mehr wollte: die Fundierung auf das traditionelle harmonische System. Durch ihre Sprachnähe bot sie vielerlei Artikulationsmöglichkeiten von improvisierter ›Prosa‹ bis zu strenger, motorischer Vers- und Rhythmusbindung. Dem galanten, traditionell erstarrten städtischen Kulturleben setzte sie die Provokation des Fremden entgegen. In dieser Konstellation ein historisch einmaliger Glücksfall. Bartók hat ihn genutzt.

Anmerkungen

1 Volksmusikforschung und Nationalismus. In: Tükör, V. Jg. 1937, S. 166–168; deutsch nach: Revue internationale de musique, I. Jg. 1938, S. 609–615, hier: S. 611 f.

2 Zum Kongress für arabische Musik. In: Zeitschrift für vergleichende Musikwissenschaft, I. Jg. 1933, S. 46–48, hier: S. 47

3 Jürgen Hunkemöller, Béla Bartók, Musik für Saiteninstrumente, München 1982 (Meisterwerke der Musik, Heft 36), S. 71

4 Ebd., S. 48

Mitklingende Muster –

Igor Strawinskys Spiel mit historischen Modellen

Volker Scherliess

Mit dem Begriff des ›Schöpferischen‹ verbinden wir vor allem das Ursprüngliche und Eigenständige der künstlerischen Erfindung – eine alte Vorstellung, aufgekommen in der Renaissance und im 18. Jahrhundert intensiviert durch die Idee vom ›Originalgenie‹. Sie führte zur Innovationsästhetik und letztlich zu jenem Originalitätsfetischismus der Moderne, dem etwas bereits als qualitätvoll gilt, wenn es nur neu ist. In früheren Epochen dagegen (von anderen, außereuropäischen Kulturen ganz zu schweigen) wurden Kunstwerke keineswegs in der Absicht geschaffen, unbedingt Neues zu bringen. Vielmehr griffen die Künstler bewährte Muster auf, um sie ihrerseits weiterzubilden und in dieser Form der jüngeren Generation zu überliefern. Entscheidend war dabei, wie der Romanist Hugo Friedrich fürs Mittelalter dargelegt hat, das »Bedürfnis älterer Dichtung, andere Dichtung mitklingen zu lassen und den damaligen Lesern den Genuß zu vermitteln, der im kundigen Wahrnehmen solchen Mitklingens besteht«.[1] Dies kann man, in gewissem Maße zumindest, auch auf spätere Epochen übertragen: Das ›Mitklingen-Lassen‹ älterer Muster ist ein wesentlicher Zug aller Kunst, nicht nur einer ausdrücklich rückgewandten; wir genießen – um den Titel eines Gedichtes von Goethe zu zitieren – auch »im Gegenwärtigen Vergangenes«.

Igor Strawinsky

Dabei ist grundsätzlich zu unterscheiden zwischen dem (ohnehin vergeblichen) Wunsch, sich in vergangene Zeiten zurückzuversetzen, und dem Versuch, Elemente aus ihnen in die Gegenwart einzubeziehen. Geht es das eine Mal letztlich um Staffage, um ein entliehenes Lebensgefühl (das schöne Wort vom ›Ruinenbaumeister‹ drängt sich auf), so im anderen Falle um Neukonstruktion unter Verwendung früherer Elemente, historisch aufgeladener, lieb gewordener Versatzstücke als Materialien – so wie die Renaissancearchitekten gern antike Spolien in ihre Fassaden einfügten.

Jacques-Emile Blanche, *Bildnis Igor Strawinsky*, 1915, Musée d' Orsay, Paris

In unserer ›postmodernen‹ Zeit scheint dieser Aspekt auf die Spitze getrieben: Historische Stile und konkrete Werke stehen den Künstlern zur Verfügung – jederzeit, wie Kostüme und Masken im Fundus eines Theaters. Sie dienen als unerschöpflicher Vorrat, können als Anregungsquelle für immer neue Verkleidungen und gemischte Szenarien herangezogen werden. Am augenfälligsten ist dies in der Architektur – vor lauter Zitaten scheint es kaum noch einen eigenen Ausdruck zu geben. Aber es gilt genauso in Malerei, Literatur und nicht zuletzt der Musik, auf die wir uns hier beschränken wollen. Dabei soll es um einen Komponisten gehen, bei dem sich die Extreme verbinden, dessen Musik ebenso für innovative Kraft wie für historisierende Bezüge steht: Igor Strawinsky.

Die Quellen, aus denen er schöpfte, waren ganz unterschiedlich: Da gab es russische Melodien und Rhythmen (etwa im *Feuervogel*), volkstümliche Stücke wie die Drehorgelmotive in *Petruschka*, Übernahmen von Alltagsgeräuschen (z.B. ein Scheibenwischer oder eine rhythmisch gegliederte Lichterfolge bei nächtlichen Autofahrten) oder auch im Traum empfangene Eingebungen (etwa eine Stelle der *Geschichte vom Soldaten*).[2] Zentraler Bezugspunkt seines Komponierens aber waren historische Vorlagen, und zwar in ganz unterschiedlicher Weise – sei es dass er ältere Werke bearbeitete (etwa von Pergolesi und Tschaikowsky, Gesualdo oder Bach), sei es dass er direkte Zitate oder allgemeine stilistische Anklänge in seine Musik aufnahm.

Damit stand Strawinsky nicht allein. Rückgewandte Bestrebungen gab es allenthalben, und sie umfassten ganz unterschiedliche Zielsetzungen: von Respighis *Antiche danze ed arie* über Prokofjews *Symphonie classique* bis zu Weberns Bach-Ricercar; von Fritz Kreislers virtuosen Einrichtungen alter Violinmusik (und Neukompositionen im alten Stil) bis hin zur Gebrauchsmusik für Laienmusikvereinigungen. Entscheidend für die Entwicklung waren die Impulse aus dem Ballettbetrieb, wo es ja längst gang und gäbe war, Musik aus verschiedenen Bereichen zu arrangieren. Darauf kommen wir zurück.

Die Hinwendung zur alten Musik bedeutete zugleich eine Abkehr vom übersteigerten Romantisieren. Dabei war Strawinskys Vorgehen – im Gegensatz zu anderen Spielarten der Neoklassizisten – keineswegs regressiv oder gar restaurativ, auch wenn seine Gegner ihm das vorwarfen.[3] Er folgte vielmehr einem »schöpferischen Appetit«, der sich ganz heterogene Materialien einverleibte, um etwas unverwechselbar Eigenes daraus zu machen.

Schöpferischer Appetit – das Wort erinnert an die alte Verbindung von Geist und Kochkunst. Sie ging bekanntlich so weit, dass im Lateinischen jemand, der zu schmecken versteht, ein weiser Mensch, Weisheit also eine höhere Geschmackslehre ist (sapiens, sapientia von sapere = schmecken). Heinrich von Kleist setzte die Analogie fort und griff dabei ein berühmtes Wort von Rabelais auf: »Der Franzose sagt, l'appétit vient en mangeant, und dieser Erfahrungssatz bleibt wahr, wenn man ihn parodiert, und sagt, l'idée vient en parlant.«[4] Noch einmal transponiert, nun ins Musikalische, sagt Strawinsky in seinen Gesprächen mit Robert Craft: »Einfälle kommen mir meist während des Komponierens«[5], und an anderer Stelle führt er aus: »Am Ursprung jeder schöpferischen Tätigkeit steht eine Art von Appetit, der den Vorgeschmack des Entdeckens erweckt. Dieser Vorgeschmack des schöpferischen Aktes begleitet die Eingebung jenes Unbekannten, das man zwar schon in sich hat, aber noch nicht greifen kann, und das erst klare Gestalt annimmt durch die Mitwirkung einer wachsamen Technik. Dieser Appetit, der mir schon bei dem bloßen Gedanken kommt, Ordnung in die aufgezeichneten Skizzen zu bringen, ist keineswegs etwas Zufälliges wie die Inspiration, sondern eine gewohnte und regelmäßige, ja sogar feststehende Sache, vergleichbar einem Naturbedürfnis.«[6]

Nicht der Einfall als solcher, sondern seine Ausarbeitung war für Strawinsky das Wesentliche des schöpferischen Vorgangs. Dem ›Zustand der Anregungen‹ – woher sie immer gekommen sein mochten – folgt die eigentliche Herstellung, die Tätigkeit des ›homo faber‹, die freilich mit bloß handwerklicher, mechanischer Arbeit unzureichend beschrieben wäre. Es geht vielmehr »um einen Bereich, in dem alles Ausgleich und Berechnung ist«; ständiges Abwägen und Ausprobieren sind gefordert, denn Strawinsky erkannte »wirkliche musikalische Ideen daran, daß sie für das Ohr einen gewissen Sinn ergeben«.[7] Der alten Kategorie des Geschmacks (wiederum sapere!) entspricht bei ihm das sensible Ohr oder, anders gesagt, das ästhetische Interesse: Ein musikalischer Gedanke muss interessant sein; ein Motiv ist gut, wenn es – und solange es – Interesse weckt. Dass übrigens dieses Interesse zuweilen den Begriff eines gesunden Appetits weit überstieg und geradezu die zwanghaften Züge der Kleptomanie annahm, hat Strawinsky selbst beschrieben. Im Zusammenhang mit der Diskussion um seine Mozart-Anleihen im *Rake's Progress* bekannte er anlässlich einer Diskussion mit amerikanischen Studenten in seiner unnachahmlichen Diktion: »I like Mozart very much, so much that I steal the music of Mozart. And I feel that I have the right to steal because I love it.«[8] Das erinnert an das Wort von Jean Cocteau: »Ein origineller Künstler ist zum Kopieren unfähig. Also genügt es, daß er etwas zu kopieren versucht, um originell zu werden.«[9]

Appetit, Stehlen, Kopieren – Umschreibungen für Strawinskys schöpferischen Umgang mit seinen Mustern. Entscheidend in diesem Zusammenhang ist eine Partitur für die Ballets Russes: *Pulcinella – Ballett mit Gesang* (1920), heute vor allem als Orchestersuite oder virtuose Kammermusik im Konzertsaal heimisch. Vorangegangen war der durchschlagende Erfolg eines Ballettes nach Goldoni, *Le donne di buon umore* (Musik nach Scarlatti-Sonaten von Vincenzo Tommasini, Choreographie von Leonid Massine). Daraufhin wollte Diaghilew ein weiteres Ballett mit der Musik eines berühmten Neapolitaners, Giovanni Battista Pergolesi, herausbringen und beauftragte zwei Künstler, die sich beim gemeinsamen Besuch in Neapel für die Welt der Commedia dell'arte begeistert hatten: Strawinsky mit der musikalischen Einrichtung, Picasso mit der Ausstattung. *Pulcinella* – ein Werk, das seinem ästhetischen Rang nach alle vergleichbaren anderen überragt, ohne sie aber nicht zu denken ist – bedeutete etwas von Grund auf Neues: Das Spiel mit historischen Vorbildern wurde unter der Hand produktiv; statt einen alten Stil zu kopieren oder in Nostalgie zu schwelgen, schuf Strawinsky etwas, was es bis dahin noch nicht gab.

Pablo Picasso, *Pulcinella*, Kostümstudien, 1920

In seinen Erinnerungen führt er aus: »Schon während seines italienischen Aufenthaltes hatte Diaghilew eine Anzahl unvollendeter Manuskripte des Meisters in den Konservatorien heraussuchen und kopieren lassen. Er vervollständigte diese Sammlung später durch Manuskripte, die er in London in den Bibliotheken fand. Alles zusammen ergab ein beträchtliches Material. [...] Es war ein sehr gewagtes Unternehmen, diesen zerstreuten Fragmenten neues Leben einzuflößen und die vielen unzusammenhängenden Stücke zu einem Ganzen zu vereinen.«[10] Und an anderer Stelle: »Ich begann mit dem Komponieren direkt an Pergolesi-Abschriften, so, als ob ich ein altes Werk von mir selbst korrigieren würde. Den Anfang machte ich ohne vorgefaßte Meinungen oder ästhetische Ansichten, und ich konnte über das Ergebnis nichts voraussagen. Ich wußte, daß ich keine Nachahmung von Pergolesi verfertigen konnte, da meine motorisch-rhythmischen Bewegungsabläufe so anders waren. Bestenfalls konnte ich ihn wiederholen in meinem eigenen Akzent [...] Pulcinella war meine Entdeckung der Vergangenheit, die Epiphanie, durch welche mein ganzes späteres Werk möglich wurde. Es war natürlich ein Blick zurück – die erste von vielen Liebesaffären in dieser Richtung –, aber es war auch ein Blick in den Spiegel.«[11]

Strawinsky geht weit über das übliche Bearbeiten hinaus. Er verfährt, um »den zerstreuten Fragmenten neues Leben einzuflößen«, auf eigene Weise, indem er die Harmonik verschärft, metrische Perioden verkürzt, formale Glieder miteinander verzahnt. Vor allem setzt er höchst raffinierte Klangfarben ein und überzeichnet die Instrumentation parodistisch. Dadurch wird die Vorlage verfremdet und zu etwas unverwechselbar Eigenem gemacht.

Um Strawinskys weitere Verfahren vorzustellen, böten sich viele Ansätze – sowohl auf sein eigenes Schaffen bezogen wie auf die älteren Meister, die er belieh. Da waren natürlich Bach und Mozart. Stand der eine für die »lichtvolle Idee des reinen Kontrapunkts«[12], so verkörperte Mozart Klarheit, Durchsichtigkeit, Heiterkeit – ein unerreichbares Ideal, dem es nachzustreben galt. Aber es gab auch andere. Ein Mann wie Händel war Vorbild für den einfach-monumentalen, von Wagnerianismus ebenso wie spätimpressionistischen Einflüssen gereinigten dramatischen Stil. Dazu sei an ein Werk erinnert, das schon mit seinem Untertitel ›Opern-Oratorium‹ diesen Bezug andeutet: *Oedipus rex* (komponiert 1926/27). »Der Librettist ist Franzose, der Text lateinisch, das Sujet griechisch, die Musik deutsch-englisch (nach Händel), die Aufführung wird in Monaco sein, bezahlt aus amerikanischem Geld – in der Tat der Gipfel an Internationalität«, schrieb Sergej Prokofjew 1927 anlässlich einer privaten Voraufführung im Hause der Prinzessin Edmond de Polignac.[13] Aber nicht nur

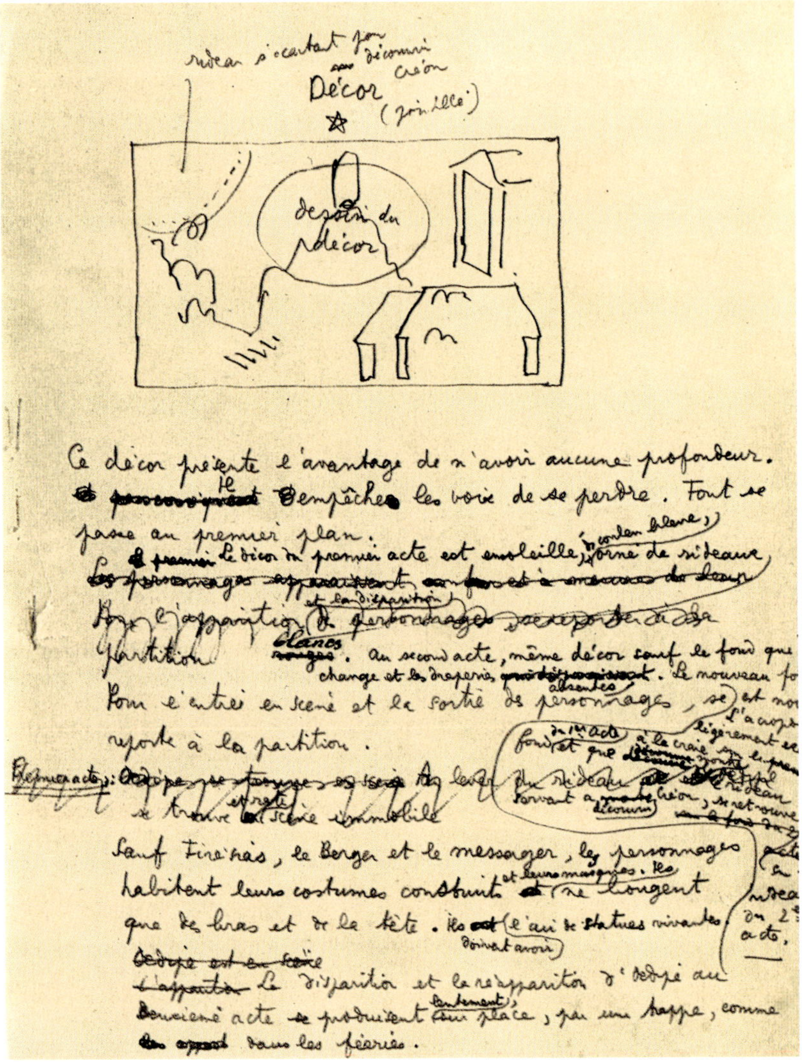
Décor

Ce décor présente l'avantage de n'avoir aucune profondeur. Il empêche les voix de se perdre. Tout se passe au premier plan.

reporte à la partition.

Sauf Tirésias, le Berger et le messager, les personnages habitent leurs costumes construits et leurs masques. Ils ne bougent que les bras et la tête.

Jean Cocteau, Manuskript mit Überlegungen zu Ausstattung und Entwurf der Bühne für *Oedipus rex*, 1926/27

Rechte Seite unten: *Apollon musagète*, Bühnenbild der Uraufführung mit Serge Lifar als Apollon

in solch mokantem Sinne lässt sich die Partitur als Zeugnis einer übergreifenden, ganz heterogene Kunstbestrebungen, Traditionen und Stile umfassenden Haltung auffassen.

Strawinsky und sein Textdichter Cocteau hatten sich zwar vorgenommen, ein einfaches, verständliches Drama für das breite Publikum zu schaffen. Das konnte nicht gelingen; was entstand, war eher ein Werk ›für Kenner und Liebhaber‹: Die Anspielungen, die man heraushören kann, sind mit anderen vermischt und werden, kaum dass sie sich einstellen, irritiert und verfremdet. Dabei sind ganz heterogene Elemente beteiligt: archaisierender Chorstil, barocker Orchestersatz (mit charakteristischen punktierten Rhythmen), Anklänge an Verdi-Arien (insbesondere im großen Auftritt der Jocasta) und den

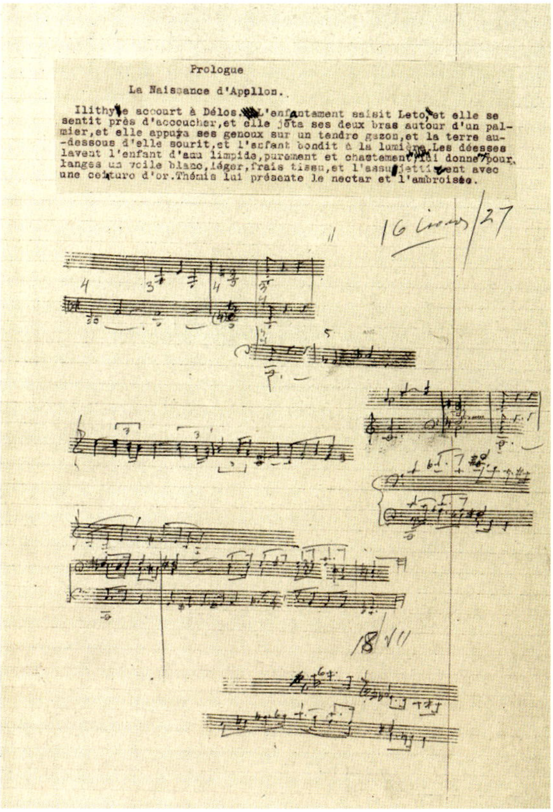

Igor Strawinsky, *Apollon musagète*, 1927/28, Skizzen zum Anfang

Rhythmus einer italienischen Tarantella (im Schlusschor). Doch was herauskommt, ist kein buntes Nebeneinander, sondern eine neuartige Tonsprache von eigenständiger Monumentalität.

Zahlreiche weitere Werke ließen sich zur Betrachtung heranziehen. So sei an das Ballett *Apollon musagète* (1928) erinnert. Sein Bezug auf klassische Vorbilder zeigt sich nicht nur im antikisierenden Stoff, sondern auch im Charakter der Musik. Bewusst antiemotional, formal wie klanglich streng und alles Romantisch-Gefühlshafte vermeidend, greift sie auf stilistische Elemente aus dem 17. und 18. Jahrhundert zurück. Melodische Bildungen, harmonische Farben, Form, Rhythmik, Satztechnik und die eng begrenzten Klangmittel (nur Streichinstrumente, freilich unter raffinierter Ausnutzung verschiedenster Spielarten), punktierte Rhythmen, ariose Kantilenen und typisch barocke Verzierungen – alles ist historisch eingefärbt. Die Tonsprache eines Lully oder Rameau wird beschworen, aber sogleich wieder verfremdet, gewissermaßen ›strawinskysiert‹ durch Harmonisierung, eingeschobene Taktwechsel, Verkürzungen oder Verlängerungen. Die Mittel sind einfach und raffiniert zugleich; wie in der bildenden Kunst zeigt sich hier, dass die größten Wirkungen durch Weglassen erreicht werden.

Dieselbe Tendenz – nur freier, frecher – finden wir im Ballett *Jeu de cartes* (1936). Auf der Bühne treiben verschiedene Figuren eines Kartenspiels – Königinnen, Buben, Asse usw., vor allem aber der vorwitzige Joker – ihr Spiel. Den äußeren Rahmen bildet das Kartenmischen, musikalisch versinnbildlicht durch ein Marschmotiv; dazwischen entwickeln sich die verschiedensten

Jeu de cartes (Das Kartenspiel), Bühnenbild der deutschen Erstaufführung, Dresden 1937

Aktionen. Aber ›Spiel‹ ist für Strawinsky nicht nur das Sujet des Balletts – es heißt für ihn auch: kompositorisches Spiel mit Motiven aus der Musikgeschichte. Eine Fülle von Zitaten begegnet uns – teils als mehr oder weniger deutliche Übernahme eines konkreten Vorbildes (z.B. Rossinis *Barbiere*-Ouvertüre), teils nur als atmosphärische Reminiszenz an bestimmte Stile oder als kaum noch merklicher Anklang. Solches Spiel mit historischen Vorbildern wird Strawinsky unter der Hand produktiv; sein ›Erinnern‹ ist weder plumpes Zitat noch nostalgisches Schwelgen, sondern Neuschöpfen aus alten Quellen. So verstanden, ist sein ›Neoklassizismus‹ geradezu eine Form von Avantgarde.

Schließlich noch ein kurzer Blick auf die Oper *The Rake's Progress*, die Summe von Strawinskys ›neoklassizistischer Periode‹ und zugleich ein Musterbeispiel für ›Musik über Musik‹ (Uraufführung 1951). Der Komponist folgte auch hier seinem ›schöpferischen

The Rake's Progress (Der Wüstling), Szenenfoto der Inszenierung von Peter Mussbach für die Salzburger Festspiele 1994

Appetit‹, ja – wenn der Ausdruck erlaubt ist, ließe sich aus der Partitur des *Rake* geradezu eine ganze Speisekarte seiner besonderen Vorlieben rekonstruieren: Wichtigster Name ist Mozart, insbesondere die Da Ponte-Opern, unter ihnen am stärksten *Così fan tutte*. Aber daneben lassen sich auch Anklänge an Monteverdi, Purcell, Rossini, Donizetti, Verdi und viele andere spüren – sogar an eigene Werke wie *Apollon musagète* und ebenso an Unterhaltungsmusik des Broadway.

So ›unmodern‹ so etwas zuweilen klingen mag – es handelt sich doch um authentisch ›Neue Musik‹.[14] Was Gottfried Benn einmal von den Worten sagte, »sie brauchen nur ihre Schwingen zu öffnen, und Jahrtausende entfallen ihrem Flug«[15], gilt hier für die Töne und Tonkonstellationen. Und es gilt für Strawinsky allgemein: Sein musikalisches Material ist historisch aufgeladen. Er mischt Stile, Gattungen, Traditionen, atmosphärische Topoi, Farben – lokale und historische – und verbindet sie zu neuen Zusammenhängen. Entscheidend ist auch die Nivellierung der sozialen Hierarchien: Viele der vitalsten Neuerungen waren über Kanäle gekommen, die man gerne als ›Subkultur‹ bezeichnete, d.h. sozial und ästhetisch gleichsam von unten.

Also: Zwischen ›oben und unten‹, ›schwer und leicht‹, ›ernst und unterhaltend‹ wird nicht mehr von vornherein unterschieden. Alles wird als Material verfügbar. Worauf es ankommt, ist nicht mehr das Was, sondern das Wie des Herstellungsverfahrens, die Mach-Art gewissermaßen. Und es sind weniger die eindeutigen Bezüge, die beim Hören an eine bestimmte Vorlage erinnern sollen, sondern vielfältig gebrochene, indirekte Anspielungen.

Charakteristisch für derartiges Komponieren, für Strawinskys Spiel mit historischen Modellen, ist die Negation des Sprach- und Ausdruckscharakters. Musik wird als Sache für sich selbst, nicht mehr als Träger von Emotionen, von Aussagen oder gar ›Botschaften‹ gesehen. Auf die ausdruckshafte Gebärde wird bewusst verzichtet. Stattdessen wird die handwerkliche Seite, das Artifizielle und Formalistische betont. Es sei noch einmal Gottfried Benn zitiert, der in seinem Vortrag ›Probleme der Lyrik‹ sagt, mit einem modernen Kunstprodukt verbänden sich die Vorstellungen von »Bewußtheit, kritischer Kontrolle und [...] Artistik«. Dieser Begriff sei aber oft nur verbunden mit der »Vorstellung von Oberflächlichkeit, Gaudium, leichter Muse, auch von Spielerei und Fehlen jeder Transzendenz. In Wirklichkeit aber ist es ein ungeheuer ernster Begriff und ein zentraler. Artistik ist der Versuch der Kunst, innerhalb eines allgemeinen Verfalls der Inhalte sich selber als Inhalt zu erleben und aus diesem Erlebnis einen neuen Stil zu bilden, es ist der Versuch, gegen den allgemeinen Nihilismus der Werte eine neue Transzendenz zu setzen: die Transzendenz der schöpferischen Lust.«[16]

Anmerkungen

1 Hugo Friedrich, Epochen der italienischen Lyrik, Frankfurt/Main 1964, S. XI

2 Vgl. Eric Walter White, Stravinsky. The Composer and his Work, 2. Aufl. London/Boston 1979, S. 404, Anm. 2; Igor Strawinsky, Gespräche mit Robert Craft, Zürich 1961, Nr. 100

3 Vgl. etwa Schönbergs Angriff in den *Drei Satiren für gemischten Chor* op. 28 (1925). In: Sämtliche Werke, Abt. V, Reihe A, Bd. 18: Chorwerke, Mainz 1980

4 Heinrich von Kleist, Über die allmähliche Verfertigung der Gedanken beim Reden (1805/06). In: Anekdoten, Kleine Schriften, München 1964, S. 53

5 Igor Strawinsky, Gespräche mit Robert Craft, Zürich 1961, S. 168

6 Musikalische Poetik. In: I. S. Leben und Werk – von ihm selbst, Zürich/Mainz 1957, S. 193

7 Gespräche mit Robert Craft, Zürich 1961, S. 167

8 Filmdokument, Archiv der Paul Sacher Stiftung, Basel

9 Jean Cocteau, Le coq et l'arlequin (1918), deutsch: Hahn und Harlekin, München o. J., S. 42

10 Erinnerungen. In: I. S. Leben und Werk – von ihm selbst, Zürich/Mainz 1957, S. 83

11 Igor Stravinsky/Robert Craft, Expositions and Developments, London 1962, S. 133

12 Vgl. Quelques mots de mes dernières œuvres. In: Muzyka Nr. 1, Warschau 1924, S. 14

13 Brief an Majakowski. Zitiert nach Eric Walter White, Stravinsky. The Composer and his Work, 2. Aufl. London/Boston 1979, S. 404, Anm. 2; Igor Strawinsky, Gespräche mit Robert Craft, Zürich 1961; White, S. 91

14 Vgl. ausführlich V. Scherliess, Neoklassizismus. Dialog mit der Geschichte, Kassel 1998, S. 234 ff.

15 Gottfried Benn, Probleme der Lyrik. In: Gesammelte Werke, Bd. 1 (Essays, Reden, Vorträge), hg. von Dieter Wellershoff, 3. Aufl. Wiesbaden 1965, S. 513

16 Ebd., S. 495 und 500

Der Konflikt der Wiener Schulen

Arnold Schönberg zwischen Walzer, Operette und Atonalität

Albrecht Dümling

Nicht zuletzt als Antwort auf die amerikanische Kulturindustrie hob Arnold Schönberg 1945 in einem Brief aus Los Angeles »das Recht der kleinsten Minorität«[1] hervor, wobei er die Demokratie als »Diktatur der (sehr oft äußerst geringen) Majorität« abtat. Zustimmend zitierte er dagegen den Satz: »Wenn es Kunst ist, dann ist es nicht für die Menge.«[2] Beifall im Konzert hatte er schon lange mit Skepsis quittiert, rechnete er sich doch selbstbewusst der musikalischen Elite zu, einer Avantgarde, die von den Massen weder verstanden werden könne noch brauche. Er hob hervor, schon von seinem Jugendfreund David Josef Bach »Widerstand gegen Gewöhnlichkeit und Allerweltsvolkstümlichkeit« gelernt zu haben.[3] Allerdings hatte ebendieser Freund Schönbergs frühe Tätigkeit als Dirigent von Arbeiterchören angeregt.[4] Sein Verhältnis zur Popularität ist demnach differenzierter, als es auf den ersten Blick erscheint. Es veränderte sich zudem mit den wechselnden Lebensumständen.

Die Walzer von Johann Strauß, die Schönberg in der Nähe seiner elterlichen Wohnung in den Wiener Vergnügungsparks Augarten

Musikpavillon mit Militärmusikkapelle im Wiener Prater

Wiener Operettenkomponisten um die Jahrhundertwende, v.l.n.r.: Edmund Eysler, Oscar Straus, Oskar Nedbal, Franz Lehár, C. M. Ziehrer, Leo Fall. Karikatur von Rudolf Herrmann

und Prater kennen gelernt hatte, sollten ihn sein Leben lang begleiten. Schon als Zwölfjähriger schuf er eigene Walzer. Auf deren lebensfrohen Charakter griff er zurück, als er 1901 in seinem Kabarettlied ›Arie aus dem Spiegel von Arcadien‹ beim Anblick schöner Frauen das Herz lautstark im Dreiertakt ›bum-bum-bum‹ schlagen ließ. Je mehr ihm aber die Darstellung von Lebensfreude und Erotik als Täuschung, ja als Lüge erscheinen musste, umso mehr verschwand der Walzerrhythmus aus seinen Werken. So schlägt die Steigerungspartie im zweiten Satz des zweiten Streichquartetts op. 10 abrupt in das selbstzerstörerische Walzer-Zitat ›Oh, du lieber Augustin, alles ist hin ...‹ um und lässt danach in leeren Floskeln mit dem populären Lied auch die Tonalität zerbrechen. Die Situation äußerster Isolation, in der diese Komposition in Schönbergs Krisenjahr 1908 entstand, verstärkte seine entschiedene Opposition, ja den Hass auf die Walzermetropole. Aus dieser kulturkritischen Motivation erklärte sein Schüler Hanns Eisler den Übergang zur Atonalität: »Es ist erstaunlich, daß diese Musik 1908 in Wien geschrieben wurde«, notierte er. »In dieser Stadt voll der Walzer des genialen Johann Strauß, der bombastischen Sinfonien Bruckners und Mahlers, in dieser Stadt der Operette und der intensiven Pflege des klassischen Erbes schwamm Schönberg gegen den Strom. Seine Musik war ungemütlich, sie war nicht erhaben, sie verklärte nicht, sie triumphierte und siegte nicht, sie hatte, was den Hörern vor allem nicht einging, den Grundton der Verzweiflung.«[5]

Nur einen einzigen Walzer hat Schönberg in diesen Krisenjahren noch komponiert: die melancholisch-düstere *Valse de Chopin* aus den *Pierrot lunaire*-Melodramen, die sich allerdings stärker auf Paris als auf Wien bezog. Sein heftig distanziertes Verhältnis zur Unterhaltungskunst lockerte sich erst nach 1920, als er nach dem Ende seiner eigentlich atonalen Phase neue Ordnungsprinzipien in Zwölftonreihen und klassischen Formen suchte. Die expressionistische Gebärde des Schreis wurde jetzt durch gemessenes Schreiten und sogar Tanzen verdrängt. Dennoch war es ein ungewöhnliches Ereignis, als Schönberg am 27. Mai 1921 in dem von ihm gegründeten ›Verein für musikalische Privataufführungen‹ einen Walzerabend veranstaltete. Auf dem Programm standen vier Walzer von Johann Strauß, die er und seine Schüler Anton Webern und Alban Berg für Salonorchester bearbeitet hatten, wobei sie selbst auch an der Aufführung mitwirkten. Einige Tage später berichtete Berg einem Kollegen: »Die Walzer klangen durchwegs fabelhaft gut, sogar meiner, ›Wein, Weib, Gesang‹! Schönbergs Instrumentation überragte natürlich die meine weit.«[6] Schönberg hatte sich für *Rosen aus dem Süden* op. 338 und den *Lagunenwalzer* op. 411 entschieden. Bei diesem Außerordentlichen Vereinsabend gestattete er den hier sonst verpönten Beifall, sollte doch die Versteigerung der

VEREIN FÜR MUSIKALISCHE PRIVATAUFFÜHRUNGEN IN WIEN
Leitung: Arnold Schönberg

AUSSERORDENTLICHER ABEND

Freitag, den 27. Mai 1921, 7 Uhr abends, im Festsaale der Schwarzwald'schen Schulanstalten.

VIER WALZER VON JOHANN STRAUSS
Bearbeitung für Kammerorchester.

Besetzung: Klavier: Eduard Steuermann, Harmonium: Alban Berg, 1. Geige Rudolf Kolisch und Arnold Schönberg, 2. Geige: Karl Rankl, Bratsche: Othmar Steinbauer, Cello: Anton von Webern.

SCHATZWALZER (Zigeunerbaron) Bearbeitung von Anton von Webern
WEIN, WEIB UND GESANG Op. 333, Bearbeitung von Alban Berg
ROSEN AUS DEM SÜDEN Op. 388, Bearbeitung von Arnold Schönberg
LAGUNENWALZER Op. 411, Bearbeitung von Arnold Schönberg

Nach dem Konzert: Versteigerung der Originalmanuskripte der Bearbeitungen.

Konzertflügel Steinway & Son; beigestellt von der Firma Bernhard Kohn, Wien

Zuschriften an den Sekretär Herrn Felix Greißle, V. Rainergasse Nr. 32.
Anmeldungen an den wöchentlichen Vereinsabenden jeden Montag abends 7 Uhr im Festsaale der Schwarzwald'schen Schulanstalten, I. Wallnerstr. 9 (Eingang Regierungsgasse)

Programmzettel des Außerordentlichen Walzerabends in Wien

Manuskripte die leere Vereinskasse füllen. »Schon nach meinem Walzer setzte frenetischer Applaus ein, den Schönberg zuließ, um die Stimmung zu heben. Weberns Walzer, der dritte im Programm, mußte wiederholt werden, und zwar mit Webern am Pult und Schönberg mit dem Cello.« In seinem Brief wies Berg deshalb auch auf die finanziellen Ergebnisse hin: »Die Lizitation brachte: für meinen Walzer – als erster ausgerufen mit 500 Kronen – 5 000 Kronen; für Schönbergs ›Lagunenwalzer‹ 14 000 Kronen; Weberns ›Schatzwalzer‹ wurde bis 7 000 Kronen lizitiert, Schönberg, der immer mitlizitierte, um es hinaufzutreiben, bot 9 000 Kronen – und blieb damit hängen, ganz gegen seine Absicht; schließlich Schönbergs ›Rosen aus dem Süden‹ 17 000 Kronen.«[7] Der ganze Schönberg-Kreis beteiligte sich an diesem Unternehmen, weitere Schüler kopierten das Stimmmaterial:

Hanns Eisler für *Rosen aus dem Süden*, Karl Rankl für *Wein, Weib und Gesang* und Felix Greissle für den *Schatzwalzer*. Dass Wiener Walzer so der Zweiten Wiener Schule zur Weiterexistenz verhalfen, ist durchaus als symbolisch zu werten, hatte doch Schönberg vorher mit Operetteninstrumentationen seinen Lebensunterhalt bestritten. Da die populäre Kunst die ›große Kunst‹ ernährte – durch den Erlös der Versteigerung sollten künftige anspruchsvolle Konzerte des Vereins finanziert werden –, duldete man sie an diesem Außerordentlichen Abend nachsichtig. Der allen sonstigen Gepflogenheiten widersprechende Walzerabend war aus der finanziellen Not geboren. Offenbar trug aber sein Erfolg dazu bei, die sonst demonstrative Distanz zwischen den diversen ›Wiener Schulen‹ abzubauen. Für den politisch konservativen Schönberg repräsentierten Walzer zudem nun auch die ›gute alte Zeit‹ der Habsburger, fungierten also als Teil einer konservativen Utopie.

Wenig später und vielleicht durch den Walzerabend angeregt schuf er nach langer Pause wieder einen eigenen Walzer. Es war das letzte der *Fünf Klavierstücke* op. 23, das als seine früheste Zwölftonkomposition gilt. Dass er gerade an einem Walzer das neue komplexe und dissonante musikalische Material erprobte, überrascht. Aber die einfache periodische Tanzform ermöglichte es Schönberg, sich ohne Rücksicht auf rhythmische oder formale Probleme ganz auf die neuartige Tonhöhenorganisation zu konzentrieren. Für ein Konzert in Barcelona, bei dem er im Rahmen eines ›Festival de La Musica Viennesa‹ Kammermusik von Schubert, Beethoven, Mozart, Johann Strauß und sich selbst zur Aufführung brachte, instrumentierte er im Frühjahr 1925 sogar ohne finanzielle Nebenabsichten den *Kaiserwalzer* von Johann Strauß für die *Pierrot*-Besetzung. Schönberg stellte sich damit in die große Tradition Wiener Musik, zu der er auch den Wiener Walzer zählte. So eindeutig wie sonst nie wieder betrieb er in diesem Frühjahr eine Versöhnung der verschiedenen Wiener Schulen. Um aber seine Modernität vom bloß Modischen zu unterscheiden, setzte er die folgenden Sätze ins zweisprachige Programmheft: »Moderne Kunst darf sicher darauf rechnen, einmal in Mode zu kommen. Kunst hingegen hat die Mode stets hinter, neben und insbesondere gegen sich; nur will zu einem gewissen Zeitpunkt und darf zu einem anderen die Mode dieses Verhältnis nicht offenbar werden lassen.«[8]

Auch sein Verhältnis zu anderen Formen der Unterhaltungsmusik wie Operette und Jazz war Wandlungen unterzogen. Das Instrumentieren von Operetten, womit er zwischen 1900 und 1904 seinen Lebensunterhalt bestritt, hatte ihn künstlerisch nie befriedigt. So schrieb er im Juli 1904 an Oscar C. Posa: »Leider muß ich viel Fisch-

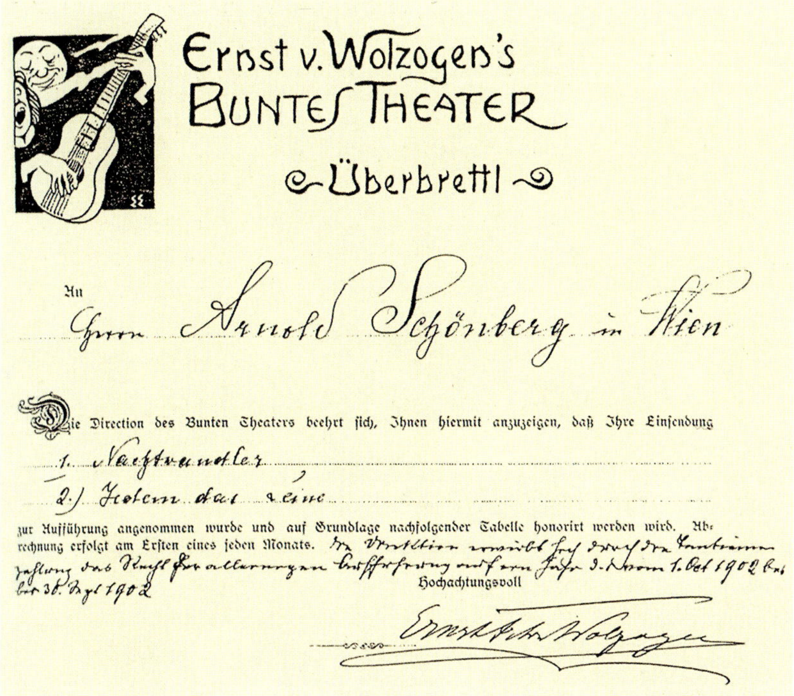

Ernst v. Wolzogen's
Buntes Theater
Überbrettl

An
Herrn Arnold Schönberg in Wien

Die Direction des Bunten Theaters beehrt sich, Ihnen hiermit anzuzeigen, daß Ihre Einsendung
1. Nachtwandler
2.) Jedem das Seine
zur Aufführung angenommen wurde und auf Grundlage nachfolgender Tabelle honorirt werden wird. Abrechnung erfolgt am Ersten eines jeden Monats. [illegible]

Hochachtungsvoll

[illegible]

Vertrag des ›Überbrettl‹ mit Arnold Schönberg über zwei Lieder

hof klaviermäßig verschlucken und orchestermäßig herausbrechen, wiedergeben.«[9] An den Operettenkomponisten Robert Fischhof (1856–1918) hatte ihn 1902 sein Schwager Alexander Zemlinsky vermittelt, der zu diesem Zeitpunkt selbst am Wiener Carltheater Operetten dirigierte. Mit Edmund Eysler war Schönberg zeitweise befreundet, allerdings bevor sich dieser der Operette zuwandte. Unter den etwa 6 000 Partiturseiten, die er damals niedergeschrieben haben soll, befanden sich überwiegend Operetten Bogumil Zeplers. Er gehörte wie Oscar Straus zu den musikalischen Mitarbeitern des ersten deutschen Kabaretts, des Berliner ›Überbrettl‹, das zeitweilig auch den jungen Schönberg als Kapellmeister engagiert hatte. Jedoch schuf er kein einziges neues Werk für diese von Ernst von Wolzogen geleitete Bühne. Seine ›Brettllieder‹ nach Gedichten aus dem Bändchen *Deutsche Chansons* von Otto Erich Hartleben hatte er bereits vor diesem Engagement komponiert. Offensichtlich fehlte Schönberg neben der Neigung die für ein solches Genre notwendige leichte Hand.

Es ist ein merkwürdiger Zufall, dass die Phase der relativen Stabilisierung der Weimarer Republik zusammenfiel mit einer Phase der psychischen und sozialen Stabilisierung des Komponisten. Nach dem Tod seiner schon lange kränkelnden Frau Mathilde im Herbst 1923 lebte er in der Beziehung zur jungen und eleganten, aus wohlhaben-

In der Bristol-Bar, Berlin 1927, v.l.n.r.: Oskar Kokoschka, Gertrud und Arnold Schönberg sowie Adolf Loos

dem Hause stammenden Gertrud Kolisch, der Schwester des Geigers Rudolf Kolisch, auf. Im August 1924, nur wenige Tage vor seinem 50. Geburtstag, heirateten sie. In dieser Ehe konnte Schönberg, wie sein Biograph Stuckenschmidt berichtet, bislang Versäumtes nachholen: »Er fuhr nun oft für mehrere Tage nach Wien und begann allmählich, sich für Dinge zu interessieren, die ihn früher wenig beschäftigten. Er besuchte mit Freunden, namentlich mit Adolf Loos, gern die eleganten Bars der Wiener Innenstadt. Er fand Vergnügen an Jazz-Musik, von der rhythmische Spuren sich bereits in der Serenade zeigen. Die verbesserte finanzielle Lage, vor allem in Folge der Rentenmark in Deutschland, ermöglichte ihm Anschaffungen und eine Eleganz der Kleidung, auf die er jahrelang hatte verzichten müssen.«[10]

Schönbergs rapider sozialer Aufstieg, der sich in einer Einladung durch den Prinzen von Fürstenberg nach Donaueschingen und in den Ehrungen aus Anlass seines 50. Geburtstages fortsetzte und in der Berufung nach Berlin auf eine Meisterklasse für Komposition kulminierte, machte ihn empfänglich für die Annehmlichkeiten des Luxus. Auch das, was man in den zwanziger Jahren ›Jazz‹ nannte, gehörte in diese Sphäre. Wir erinnern uns, dass Schönberg sein zweites, den Übergang zur Atonalität markierendes Streichquartett seiner ersten Frau gewidmet hatte. Eine diesem Werk im Ausdruck ganz entgegengesetzte Komposition, die Suite op. 29, schuf er ab Herbst 1924 für Gertrud. Den modischen Vorlieben der Widmungsträgerin und der heiteren Stimmung des Komponisten entsprechend notierte er sich zum ersten Satz die Stichworte »leicht, elegant, flott, Bluff«, zum zweiten »Jo-Jo-Foxtrott«, zum sechsten »Film-Diva« und zum siebten »Tennis Ski«. Die Entstehung dieser Suite fiel in eine Zeit eleganter Vergnügungen: Im Januar 1925 verbrachte das jungvermählte Paar seine Flitterwochen in Venedig, um anschließend nach Mailand und San Remo, im April dann nach Barcelona zu reisen. Im Juli begann Schönberg in Wien die Komposition des zweiten Satzes, der die Überschrift »Tanzschritte« trägt. In seiner leicht synkopierten Rhythmik und der Imitation von Schlagwerkeffekten durch Col-legno-Figuren der Streicher schwingen Reminiszenzen an Modetänze wie Foxtrott und Charleston nach. Aber schon unmittelbar darauf sollte dieser Flirt mit aktuellen Rhythmen jäh enden.

Im September 1925 besuchte Schönberg das Fest der Internationalen Gesellschaft für Neue Musik in Venedig, wo seine Werke, darunter die Serenade, nicht den erhofften Erfolg davontrugen.[11] Seine Antwort auf das Desaster von Venedig waren die Chorsatiren op. 28, in denen er unter anderem seinen Kollegen Igor Strawinsky als »Modernsky« verhöhnte. Schönberg selbst wandte sich nun von der Jazz-Mode ab und beendete seine Suite op. 29 ganz im Gegensatz zur ursprünglichen Ideenskizze mit einer altmeisterlichen Gigue. Den Chorsatiren fügte er als Anhang einige in alten Schlüsseln notierte Kanons an. Seine Aversion gegen das Modische thematisierte er aber vor allem in der Oper *Von heute auf morgen*, deren Textbuch kurioserweise Gertrud Schönberg verfasste.[12] In der Persiflage auf ein allem Modischen sich hingebendes Paar liegen durchaus Momente von Selbstkritik. In einer Szene tanzt und singt die Frau, begleitet von

Von heute auf morgen, Szenenfoto der Uraufführung in Frankfurt 1930

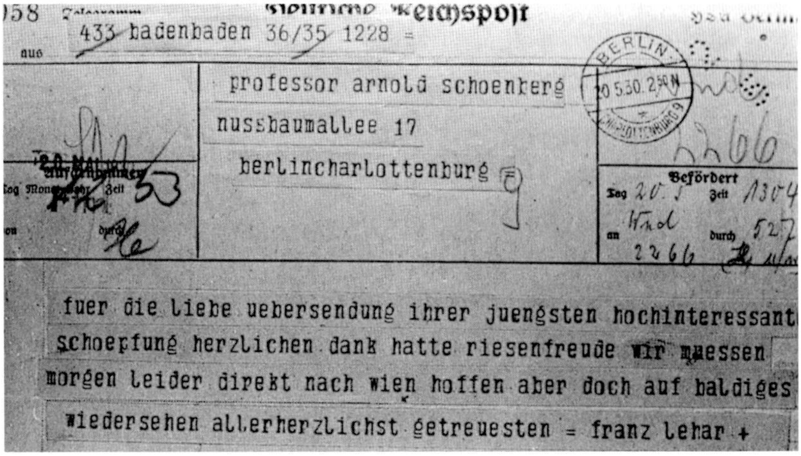

433 badenbaden 36/35 1228 =

professor arnold schoenberg
nussbaumallee 17
berlincharlottenburg

fuer die liebe uebersendung ihrer juengsten hochinteressant
schoepfung herzlichen dank hatte riesenfreude wir muessen
morgen leider direkt nach wien hoffen aber doch auf baldiges
wiedersehen allerherzlichst getreuesten = franz lehar +

Telegramm Franz Lehárs an Schönberg mit dem Dank für *Von heute auf morgen*, 20. Mai 1930

einem Saxophon, in ihrer Wohnung nachts einen Schlager und weckt dadurch ihr Kind. Ihre modischen Instinkte verdrängen die mütterlichen. Das Werk ist in sich durchaus widersprüchlich: Die Abkehr von Modetendenzen propagierend, partizipierte es als ›Zeitoper‹ doch am Zeitgeist. Im Widerspruch zum operettenhaften Textbuch steht vor allem die dissonant-polyphone Musik, die den erhofften Durchbruch auf der Opernbühne verhinderte.

Ebenso widersprüchlich wie seine Haltung zum Walzer und zum Jazz blieb Schönbergs Einstellung zur Operette. So nahm er interessiert zur Kenntnis, dass seine Cousine Malvina, die er als Knabe verehrt hatte, Robert Bodanzky, einen der Librettisten Franz Lehárs, heiratete. Nachdem er im Frühjahr 1930 in Baden-Baden persönlich mit dem erfolgreichen Operettenkomponisten zusammengetroffen war, übersandte er ihm ein neues Werk, vermutlich die Oper *Von heute auf morgen*, von der er sich damals noch Publikumserfolge erhoffte. In einem Dankteleramm äußerte Lehár »Riesenfreude« über die »hochinteressante Schöpfung«.[13] Schönberg fühlte sich durch dieses Lob geschmeichelt und versuchte, auch Oskar Felix, den als Autor von Lustspiel- und Operettentexten hervorgetretenen Ehemann seiner Schwester Ottilie, an den erfolgreichen Kollegen zu vermitteln – allerdings vergeblich.[14]

Er wusste, dass sich schon in der Vergangenheit große Komponisten durch volkstümliche Melodien hatten anregen lassen. So war beispielsweise Brahms mit Johann Strauß in freundlichen Kontakt getreten und hatte zu dessen Niederschrift des Walzers *An der schönen blauen Donau* notiert »Leider nicht von Johannes Brahms«. Schönberg bezog sich darauf, als er 1937 in Los Angeles für Otto Klemperer das g-Moll-Klavierquartett op. 25 von Brahms orchestrierte. Den Anfang des Strauß-Walzers mit der Bemerkung von Brahms kopierte er und setzte darunter die ersten Noten aus op. 25 mit den Worten »Leider von Johannes Brahms, only orchestrated by Arnold Schönberg«.[15] Die Begabung zur Popularität bei Brahms, Strauß, Lehár und Gershwin bewunderte er umso mehr, als sie ihm selbst fehlte. Allgemein verständlich könne »nur derjenige schreiben, dessen angeborene Erfindungsgabe, Denkart und Darstellungsweise populär ist. Das sieht man am besten an Johann Strauß und Nestroy.«[16] Scharf unterschied er gewachsene Volkstümlichkeit von einer kommerziell gesuchten Popularität. Sein Zorn richtete sich auch gegen jene Komponisten anspruchsvoller Konzertmusik, die mit einzelnen Werken – wie Ernst Krenek in der Oper *Jonny spielt auf* oder Weill in der *Dreigroschenoper* – bewusst auf Breitenwirkung zielten. In seinem Aufsatz ›Neue Musik, veraltete Musik, Stil und Gedanke‹ lehnte er solche Vermittlungsversuche scharf ab, wobei er den bereits zitierten Gedanken aus dem Briefwechsel mit William S. Schlamm aufgriff: »Denn wenn es

George Gershwin porträtiert Arnold Schönberg, 1936

Moses und Aron, Bühnenbildentwurf von Paul Haferung für die Zürcher szenische Uraufführung 1957

Kunst ist, ist sie nicht für alle, und wenn sie für alle ist, ist sie keine Kunst. Höchst beklagenswert ist das Handeln einiger Künstler, die auf arrogante Weise glauben machen wollen, daß sie von den Höhen hinuntersteigen, um den Massen etwas von ihrem Reichtum zu geben. Das ist Heuchelei.«[17]

Mit der Metapher der von ihren Höhen heruntersteigenden Künstler verwies er auf seine Oper *Moses und Aron*, die das Verhältnis von geistiger und populärer Kunst grundsätzlich reflektierte. Im Buch *Über das Geistige in der Kunst* hatte Wassily Kandinsky bereits 1910 die zentrale Aussage der Oper vorweggenommen: »Der unsichtbare Moses kommt vom Berge, sieht den Tanz um das Goldene Kalb. Aber doch bringt er eine neue Weisheit mit sich zu den Menschen.«[18] Schönberg beeindruckte diese Kunstauffassung und Kandinskys Idee einer Geistigen Pyramide – mit dem seherischen Künstler an der Spitze und dem breiten Publikum an der Breitseite – stark. Er sah sich selbst ebenfalls als eine vom Volk getrennte Moses-Figur, die Weisheiten kündete. In der Gestalt des Demagogen Aron deutete er dagegen Popularität als meist opportunistische Lüge. Nur einige Künstler wie »Offenbach, Johann Strauß und Gershwin, deren Gefühle sich tatsächlich mit denen des ›durchschnittlichen Mannes auf der Straße‹ decken«, nahm er von diesem Verdikt aus: »Für sie ist es keine Verstellung, volkstümliche Gefühle in volkstümlichen Wendungen auszudrücken.«[19] Er leugnete nicht, auch selbst an solcher Musik zuweilen Vergnügen zu finden. »Es wäre Hypokrisie, wenn ich es geheimhielte, daß ich das Postament meines Denkmals gelegentlich verlasse und mich an Unterhaltungsmusik vergnüge.«[20] Auch die Filme von Walt Disney, Charlie Chaplin, Harold Lloyd und der Marx Brothers, die Folksongs von Stephen Collins Foster, die Operetten von Offenbach und Strauß, die Opern von Rossini oder die Theaterstücke von Raimund und Nestroy könnten »eine ganze Nation oder sogar die ganze Welt« befriedigen.[21]

Mit dem geistigen Anspruch großer Kunst sei dies jedoch nicht zu verwechseln.[22] Trotz seiner Bewunderung für Johann Strauß oder Gershwin hielt Schönberg prinzipiell an der Trennung von ›hoher‹ und ›niedriger‹ Kunst fest.[23] Da er alle höhere Kunst als notwendig elitär betrachtete[24], lehnte er gerade in seinen letzten Lebensjahren eine Annäherung der Sphären entschieden ab: »Die Idee, ernsthaftes und populäres Schreiben miteinander zu verbinden, ist völlig abwegig. So ist die Idee der kommunistischen Musiker, Musik für alle zu schreiben, in der die Menschen ihre alten Weisen, die sie ganz und gar verstehen, hören können, ein Verbrechen an der Kunst. Was ich außerdem nicht verstehen kann, ist: daß solch eine Notwendigkeit existiert.« Wie in der von ihm bevorzugten monarchischen Staatsform hielt Schönberg auch in der Kunst die Unterscheidung von ›Oben‹ und ›Unten‹ für unvermeidlich: »Warum sollte es nicht auf der einen Seite Musik für gewöhnliche, mittelmäßige, nicht-verstehende, uneingeweihte Menschen geben und auf der anderen Seite solche Musik für die Wenigen, die sie verstehen? Ist es notwendig, daß genau derselbe Komponist, der für die Wenigen zu schreiben vermag, auch für alle schreiben muß? Ist es nicht besser, wenn es Spezialisten gibt, von denen der eine für alle und der andere für wenige schreibt?«[25]

Trotz dieses eindeutigen Bekenntnisses zum Spezialistentum war Schönberg mit diesem Zustand nicht zufrieden. Wie seine Moses-Figur beklagte er insgeheim, dass ihm die Begabung fehle, eine zugleich geistig-anspruchsvolle und doch allgemein verständliche Kunst zu schaffen.[26]

Anmerkungen

1 A. Schönberg, Briefe, ausgewählt und hg. von Erwin Stein, Mainz 1958, S. 246

2 Ebd., S. 248

3 A. Schönberg, Rückblick. In: Stil und Gedanke. Aufsätze zur Musik, hg. von Ivan Vojtech, Frankfurt/M. 1976, S. 397

4 Unter dem Einfluss Bachs hatte Schönberg zeitweise sogar eine marxistische Musikästhetik vertreten. Vgl. A. Dümling, Im Zeichen der Erkenntnis der socialen Verhältnisse. Der junge Schönberg und die Arbeitersängerbewegung. In: Zeitschrift für Musiktheorie 1975/1, S. 11–21

5 Hanns Eisler, Arnold Schönberg (1954). In: Musik und Politik. Schriften 1948–1962, Leipzig 1982, S. 322f. Vgl. A. Dümling, Die fremden Klänge der hängenden Gärten. Die öffentliche Einsamkeit der Neuen Musik am Beispiel von Arnold Schönberg und Stefan George, München 1981, S. 160–167

6 Zitiert nach Willi Reich, Schönberg oder Der konservative Revolutionär, Wien 1968, S. 164

7 Ebd.

8 Zitiert nach H. H. Stuckenschmidt, Schönberg. Leben – Umwelt – Werk, Zürich 1974, S. 276

9 Ernst Hilmar (Hg.), Arnold Schönberg Gedenkausstellung 1974, Wien 1974, S. 184

10 Stuckenschmidt, a.a.O., S. 268

11 Auf dieses Musikfest bezog sich auch das bekannte Eisenbahngespräch zwischen Alexander Zemlinsky und Hanns Eisler, das zeitweise zum Bruch zwischen Lehrer und Schüler führte. Vgl. A. Dümling, Schönberg und sein Schüler Hanns Eisler. In: Die Musikforschung 4/1976, S. 444–450

12 Vgl. Juliane Brand, Of Authorship and Partnership: The Libretto of *Von heute auf morgen*. In: Journal of the Arnold Schoenberg Institute, Vol. XIV, Nr. 2, November 1991, S. 153–240

13 Stuckenschmidt, S. 306 f.

14 Ebd., S. 318. Die Operetten *Ihre Hoheit – die Tänzerin* und *Der goldene Pierrot* von Walter W. Goetze beruhen auf Texten von Oskar Felix

15 Abgebildet auf der Titelseite von A. Dümling (Hg.), Verteidigung des musikalischen Fortschritts. Brahms und Schönberg, Hamburg 1990

16 Schönberg, Zur Kompositionslehre. In: Stil und Gedanke, S. 285. Schon früher war ihm diese Parallele zwischen Johann Strauß und Nestroy aufgefallen, vgl. Josef Rufer, Das Werk Arnold Schönbergs, Kassel 1959, S. 159

17 Schönberg, Neue Musik, veraltete Musik, Stil und Gedanke. In: Stil und Gedanke, S. 34

18 Wassily Kandinsky, Über das Geistige in der Kunst, 9. Aufl., Bern 1970, S. 33

19 Schönberg, Neue Musik, veraltete Musik [...], S. 34

20 Schönberg, Why no Great American Music? In: Stil und Gedanke, S. 306

21 Schönberg, Kunst und Film. In: Stil und Gedanke, S. 364

22 »Obwohl es Werke gab, die den gebildeteren ebenso wie den durchschnittlichen Bürger ansprachen, blieben diesmal diejenigen geistig unbefriedigt, deren Bedürfnissen mit der Religiosität eines Calderon, eines Tolstoi oder mit einer Messe von Bach oder Schubert gedient gewesen wäre.« Schönberg, Kunst und Film, S. 364

23 So beschrieb er 1939 in einem Brief an Fritz Stiedry sein Gefühl für ästhetische Rangordnungen: »Was uns damals vielleicht als Wagnerisch, oder schlimmstenfalls als Tschaikowskyisch erschienen wäre«, ist »heute bestimmt Puccini, Lehár und darunter.« Zitiert nach Stuckenschmidt, S. 400

24 Das Unverständliche fordere Respekt und Glauben heraus. »Und ich bin sehr froh darüber, daß ich Einstein so wenig verstehe wie Kant, denn darum kann ich glauben, daß etwas daran ist. Und ich möchte nicht, daß man mir das als unverschämte Bescheidenheit auslegt. Denn ich bin sehr stolz darauf, zu wissen, wenn ich etwas *nicht* verstehe; weiß ich doch genau genug, wie es ist, wenn ich etwas verstehe. Ebenso kann man also keine höhere Kunstmusik schreiben, die jeder verstehen kann (abgesehen von der Dialektkunst eines Johann Strauß oder eines Nestroy oder Raimund).« Schönberg, Neue und veraltete Musik [...]. In: Stil und Gedanke, S. 477

25 Schönberg, Zum Rundgespräch in San Francisco über moderne Kunst. In: Stil und Gedanke, S. 394

26 Sogar Carl Dahlhaus, einer der intelligentesten Vorkämpfer des Schönbergschen Kunstbegriffs, schloss eine solche Synthese nicht prinzipiell aus: »Doch ist das Gefühl, es müsse eigentlich möglich sein, die Musik der Revolution und die Revolution der Musik konvergieren statt auseinanderklaffen zu lassen, keineswegs tot, wenn es auch schwerfällt, das Empfundene in praktikable Begriffe und Gedanken zu übersetzen.« Dahlhaus, Avantgarde und Popularität. In: Schönberg und andere. Gesammelte Aufsätze zur Neuen Musik, Mainz 1978, S. 56

Ursprünglichkeit des Lebens – Mythos der Moderne:

Jazz und Kunstmusik

Volker Mertens

»Hier rühren wir an die Quelle und den Ursprung der Musik selbst«, schrieb Darius Milhaud im Jahr 1925 über die »nordamerikanische Negermusik«. Er hatte sie zum ersten Mal im Jahr 1918 im Casino de Paris gehört und erinnert sich an »den erlittenen Choc und das plötzliche Erwachen«.[1] Als er zwei Jahre später nach London kam, dort Billy Arnold erlebte, dann in New York den New-Orleans-Jazz in Harlem, war er fasziniert: »Die Musik, die ich dort hörte, war gänzlich verschieden von der, die ich kannte, sie war eine völlige Offenbarung für mich.« Er hört in der »körnigen« Stimme einer Negerin »den Grund der Zeiten« und empfindet diese »authentische Musik« als »in den dunkelsten Elementen der schwarzen Seele, den afrikanischen Ursprüngen« wechselnd. Jazz ist für ihn nicht mehr nur mondäne Unterhaltungsmusik, sondern Ausdruck einer ungeahnten Tiefe des Lebens. Er kaufte Schallplatten der Marke ›Black Swan‹ in Harlem und spielte sie nach der Rückkehr immer wieder. Jetzt war er in der Lage, das Gehörte zu analysieren, um es assimilieren zu können, und hatte die Idee, die Jazz-Rhythmen und Klangfarben in der Kammermusik zu nutzen.

Picasso in seinem Atelier im Bateau-Lavoir, 1908

Die Empfänglichkeit für das Ursprüngliche, Primordiale der ›Negermusik‹ war durch die bildende Kunst geweckt worden. Bald nach Anfang des Jahrhunderts begannen Künstler und Sammler auf den Trödelmärkten ›Negerkunst‹ (zu der auch die Kunst Ozeaniens zählte) zu kaufen und in ihren Ateliers und Wohnungen aufzustellen. Seit 1906 brach das ›Primitive‹ in die Kunst selbst ein. Als Gegenbild zum sensiblen, gefälligen und raffinierten Jugendstil schufen junge Künstler Werke von gewollter Unbeholfenheit und ›Hässlichkeit‹, mit denen sie sich von den Konventionen befreiten: Der Primitivismus feierte die Kraft ursprünglichen Lebens. Henri Matisse gehörte zu den Ersten, die ›afrikanische‹ Gestaltungsprinzipien in Plastik und Malerei einbezogen, er beeinflusste Picasso, der in seiner ›Période nègre‹ afrikanische Anregungen noch unmittelbarer umsetzte. Als die Jazz-Musik nach dem Ersten Weltkrieg in Paris ihren Einzug hielt, traf sie auf eine Kunstszene, die ›schwarze‹ Ästhetik schon längst assimiliert hatte. Es gab Händler und Sammler originaler Objekte, und in den Werken der Künstler hatte die Auseinandersetzung mit ihr die alten Schönheitsbegriffe hinweggefegt. In der Literatur trat die Begeisterung für Afrika später hervor: Blaise Cendrars, der ›Poet des Kosmos‹, schrieb seine ersten ›Negergedichte‹ (›Schwarzer Kontinent‹, ›Die großen Fetische‹) im Jahr 1916 und veröffentlichte fünf Jahre später die *Anthologie nègre*, eine Sammlung von afrikanischer Literatur, die zu einem Kultbuch wurde. Die ›schwarzen‹ Mythen, die hier gesammelt sind, werden zu den »unentbehrlichsten Kenntnissen von der Geschichte des menschlichen Geistes« gerechnet (Vorwort). Mit der Entdeckung der Literatur der ›primitiven Rassen‹ glaubte man, einen Jungbrunnen für die müde Kultur Alteuropas gefunden zu haben. Das Primitive, Einfache wurde als befreiende Kraft wahrgenommen, die die alten allzu schönen Künste zerstörte. Das Deformierte, das Unfertige wurde bewusst eingesetzt, um die Kunst dem Leben wieder anzunähern.

Kein Zufall, dass dies nach dem Ersten Weltkrieg so erfolgreich war: In Frankreich mischte sich, angesichts der ungeheuren Menschenverluste und des Heeres von Kriegsverwundeten, der Triumph über den gewonnenen Krieg mit der Furcht vor einer Wiederholung; auf der anderen Seite führten der Wunsch, den Krieg zu vergessen, sowie die tiefen Einbrüche in die sozialen Strukturen und die Auflösung traditioneller Bindungen dazu, dass Vergnügungssucht und Libertinage in den Städten den Tag (und die Nacht) beherrschten – die ›années folles‹, die ›verrückten Jahre‹, brachen an. Der Jazz im Casino de Paris und (seit 1921) im Théâtre des Champs-Elysées mit der *Revue Nègre* verband den Wunsch nach Ursprünglichkeit mit dem Bedürfnis nach Rausch, stand für ›urwaldhafte‹ Lebensintensität und mondäne Genussfreudigkeit gleichermaßen. Der Jazz kam aus Amerika und brachte den ›American way of life‹ mit, den technischen Fortschritt, den Glamour der Neuen Welt, die nicht an ihren verlorenen Traditionen hing wie die Alte.

Diese Polarität blieb dem Verständnis des Jazz in den zwanziger Jahren eigen: auf der einen Seite nostalgische Ursprünglichkeit und naive Reinheit, auf der anderen Dekadenz, Genussfreudigkeit und Fortschritt. Beides eignete sich als Gegengift für die traditionellen Künste: einerseits gegen die Intellektualisierung, andererseits gegen den auratischen Anspruch.

Amerikanische Tanzmusik war schon länger in spielerisch-kritischer Form in der Kunstmusik rezipiert worden: Das berühmteste Beispiel ist *Golliwogg's Cakewalk* in Claude Debussys Klaviersuite *Children's Corner* von 1906/08. Der Komponist brachte hier (wohl beeinflusst durch ein Gastspiel John Philip Sousas) amerikanischen Ragtime mit dem Tristan-Akkord Richard Wagners zusammen und parodierte beides: das existentielle Pathos der Tristan-Chromatik und den Ragtime als Tanz des Negerpüppchens Golliwogg. Ragtime galt in Erik Saties Ballett *Parade* von 1917 als Charakterisierung der ›petite fille américaine‹ des zweiten Satzes; der Komponist griff bewusst Elemente der populären Musik verschiedenster Herkunft auf, um den Anspruch der Alltagswelt gegen den obsoleten Anspruch ›großer‹ Kunst zu setzen. Der ›Mythos Jazz‹ war hier nicht der einer verlorenen Ursprünglichkeit, sondern der der banalen ›wahren‹ Realität.

Ein Cakewalk-Tanz im Hause seines Lehrers Rimski-Korsakow schon im Jahr 1904 mag die erste Begegnung Igor Strawinskys mit jazznaher Tanzmusik gewesen sein.[2] Seine Auseinandersetzung mit ihr begann jedoch erst 14 Jahre später. Er hatte sich von Ernest Ansermet ein »Bündel von Rag-Time-Musik« mitbringen lassen[3] und studiert; die Initialzündung, Jazz-Momente in seine Musik einzubeziehen, kam also, anders als bei Milhaud, nicht durch das Hören und leibhaftige Erleben schwarzer Musik, sondern durch Notenstudium zustande. Dementsprechend tritt bei Strawinsky die mythische Dimension dieser Musik zurück, und auch der mondäne Aspekt spielt keine Rolle, sondern es geht um eine strukturelle Aneignung von ›Gebrauchsmusik‹. Das ist in der *Geschichte vom Soldaten* erstmals verwirklicht und betrifft sowohl die Instrumentation wie die Verwendung trivialmusikalischer Muster. Die Besetzung mit sieben Instrumenten erinnert an die Jazz-Combos und distanziert sich von den klassischen Kammermusikensembles. Die Verwendung von teils neueren, teils älteren Modetänzen und Alltagsmusiken wie Walzer, Tango, Marsch und eben Ragtime zeigt Strawinskys Absicht, vorgegebenes musikalisches Material zu verfremden und durch die handwerkliche Verarbeitung in die Sphäre der Kunst zu überführen, die Trennung der Sphären von populärer und elitärer Kunstausübung durch die Vermischung aufzuheben. Koloristische Effekte wie ein Posaunenglissando oder eine chromatische Klarinettentriole haben eindeutigen Zitatcharakter. Strawinskys ›Kunstjazz‹ ist Musik mit Musik – das gilt genauso für seinen Ragtime für 11 Instrumente, der schon von der Besetzung her jazzfremde Instrumente mit jazztypischen mischt. »Der Eindruck, den die Jazzmusik auf mich machte, war so lebendig, daß mir der Gedanke kam, eine Art ›Portrait-Typ‹ dieser neuen Tanzmusik zu entwerfen und ihm das Gewicht eines Konzertstücks zu geben, so wie es früher Musiker zu ihrer Zeit mit dem Menuett, dem Walzer, der Mazurka gemacht hatten.«[4]

Strawinsky macht also etwas, das dem Umgang mit dem ›modèle nègre‹[5] bei Matisse oder Picasso entspricht: Er verwendet bestimmte

Henri Matisse, *Blauer Akt*, 1907, The Baltimore Museum of Art, The Cone Collection, Maryland

formale und expressive Dimensionen des Vorbilds, um die eigene Kunstsprache zu modifizieren und zu neuen Möglichkeiten vorzustoßen. So ist der *Blaue Akt* von Matisse eine Verbindung von Zügen der afrikanischen Plastik mit der traditionellen Ikonographie der liegenden Venus, und in Picassos *Demoiselles d'Avignon* aus dem gleichen

Pablo Picasso, *Les demoiselles d'Avignon* (Ausschnitt), 1907, The Museum of Modern Art, New York

Maske, Etoumbi-Gebiet (Volksrepublik Kongo), Musée Barbier-Mueller, Genf

Jahr 1907 werden ›afrikanische‹ Ausdrucksmittel, wie er sie etwa von Masken aus dem Kongogebiet kannte, benutzt, um dieser Bordellszene eine ›fremde‹, archaische Bedrohlichkeit zu geben.[6] Die Jazz-Dimensionen in der *Geschichte vom Soldaten* entsprechen (zusammen mit denen anderer ›Alltagsmusik‹) dort der Stellung des ›Marsches‹ zwischen mythischer Stilisierung und Tagesaktualität (Kriegsheimkehrerschicksal) und setzten damit den Gegensatz von Trivial- und Kunstmusik thematisch ein, während der instrumentale Ragtime als rein musikalisches Experiment zu betrachten ist.

Auf die Seite der Ursprünglichkeitsvision schlug sich Darius Milhaud: Die Tatsache, dass er Jazz leibhaftig erfahren hatte, dürfte für diese Wendung wichtig gewesen sein. *La création du monde (Die Erschaffung der Welt)* auf der Basis schwarzafrikanischer Ursprungsmythen war das Thema des Balletts für Rolf de Marés Ballets Suédois, das Milhaud zusammen mit Cendrars und Fernand Léger schuf. Der Komponist studierte nach seinen Erlebnissen in London und Harlem den Jazz nicht mit Hilfe von gedruckter Musik wie Strawinsky, sondern durch das Abspielen von Schallplatten, die er in einem kleinen Laden in New York gekauft hatte. Für das Ballett wählte er ein Kammerorchester von 17 Musikern und mischte den »style Jazz« mit »klassischer« Haltung.[7] Mil-

Fernand Léger, Entwurf für das Bühnenbild zu *Die Erschaffung der Welt*, 1923, Sammlung Bob Guccione und Kathy Keeton

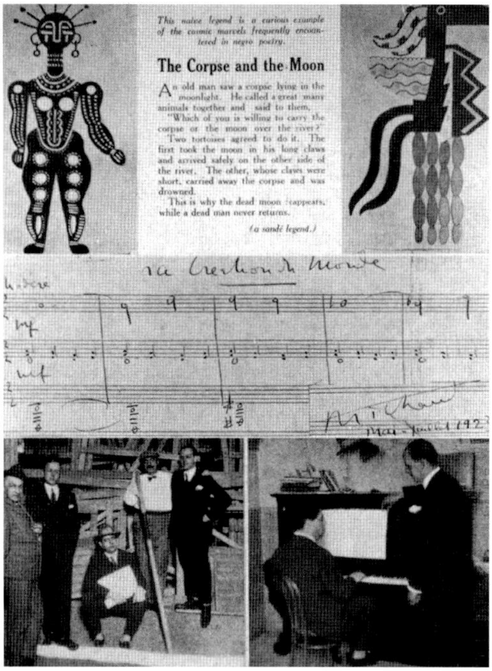

Aus einer Programmbroschüre der Ballets Suédois mit den Figurinen von Léger und einem musikalischen Thema von Milhaud zu *Die Erschaffung der Welt*

haud hatte die spezifische Klangfarbe der Instrumente im Jazz und ihre Bedeutungsdimension untersucht: das Saxophon, das die Träume zermahlt, die Trompete, die dramatisch und sehnsuchtsvoll klingt, und das Schlagzeug, das den unentbehrlichen Grundpuls gibt.[8] »In Hinsicht auf den Rhythmus erlaubt das Studium der Möglichkeiten, die aus der dauernden Verwendung der Synkope resultieren, den Ausdruck dieser Musik mit den einfachsten Mitteln und ohne Rückgriff auf eine reiche und vielfältige Orchestrierung«, schrieb er im Jahr 1923.[9] Beispiel für die mögliche Sparsamkeit der Besetzung ist ihm die Musik, die in den Jahren 1920/21 sein Freund, der Pianist Jean Wiéner, und der Schwarze Vance Lowry, wahlweise auf dem Banjo oder Saxophon, in der Bar Gaya vorführten (wobei sie außer Rag und Fox auch Bach spielten). Milhaud hatte erkannt, dass Jazz mehr und anders war als amerikanische Tanzmusik, Jazz-Farben und -Rhythmen daher den Weltentstehungsmythen, die Blaise Cendrars zusammengestellt hatte, entsprechen konnten. Der Choreograph und erste Tänzer des Balletts, Jean Börlin, studierte afrikanische Stammestänze nach Abbildungen und Beschreibungen und hatte schon 1919 einen Solotanz *Sculpture nègre* konzipiert; darauf griff er zurück und brachte entsprechende Momente in das Ballett ein. Die Ausstattung

Die Schöpfer der *Erschaffung der Welt*, v.l.n.r.: Darius Milhaud, Blaise Cendrars, Jean Börlin, Rolf de Maré, Fernand Léger und Maurice Raynals

Fernand Léger, ›Vogel‹, Kostümentwurf für *Die Erschaffung der Welt*, 1923, Dansmuseet, Stockholm

entwarf Fernand Léger nach Abbildungen von afrikanischen Plastiken und Töpfereien: der flächige Dekor des Bühnenbildes mit geometrischen Motiven, die Kostüme, manche von ihnen mit Masken wie bei Stammesritualen, andere nach Opfermasken und Kopfdekorationen gestaltet wie der bunt gefiederte Vogel. Der ›Afrikanismus‹ ist hier, anders als bei Matisse oder Picasso, nicht als Erneuerungsimpuls benutzt, sondern als wiedererkennbares Zeichen für Ursprünglichkeit und Vitalität.[10] Der Schöpfungsmythos im zweiten Kapitel (›Die Legende von den Ursprüngen‹) in der *Anthologie nègre* beginnt mit drei schwarzen Gottheiten – Nzamé, Mébère und Nkwa –, die das Chaos beschwören, Bäume wachsen lassen, aus denen der Elefant hervorgeht, der Leopard, das Krokodil, die einen Rundtanz um die Götter vollführen. Aus ihnen schält sich das Menschenpaar Sékumé und Mbongwé, das sich schließlich, allein, in einem Kuss vereint. Die Musik arbeitet mit 13 Instrumentengruppen, angenähert an die marktgängigen Formationen etwa von Paul Whiteman (den er, »den Rolls-Royce der Tanzmusik«, ebenfalls in New York gehört hatte) und nicht an den sparsam besetzten authentischen Jazz in Harlem. Kompositorisch mischte er Elemente des Jazz (Synkopen, einfache, sich wiederholende Melodieformeln und ›blue chords‹) mit Eigenarten seines Personalstils (wie Bitonalität) und traditionellen Verarbeitungs- und Formelementen (Kontrapunktik; Sonaten- und Rondoform). Für die jazztypische Improvisation war daher kein Platz, es handelte sich also um die Einschmelzung von Ausdrucksdimensionen des Jazz in die Kunstmusik.[11] Die Kritik monierte die Nähe zu Music-Hall und Tanz-Casino und reduzierte die ›schwarze‹ Dimension auf den rein dekorativen Aspekt, der vor allem in der Ausstattung tatsächlich dominant war. Wenige Jahre nach der Uraufführung der *Erschaffung der Welt* am 25. Oktober 1923 war Afrikanisches zum Stilelement in Inneneinrichtungen, Kunstgewerbe und Mode geworden, die Ausstellung von 1925 im Grand Palais, ›Exposition Internationale des Arts Décoratifs et Industriels Modernes‹ (die später den Stilbegriff Art Déco geliefert hat), machte den afrikanisierenden Dekor zum Vorbild. Für Milhaud blieb der Versuch, den Jazz als Weg zur mythischen Dimension zu nutzen, eine Episode – und dafür war einerseits diese Trivialisierung (die er auch im kommerzialisierten Jazz

Karl Schmidt-Rottluff, *Apostel*, 1918, Holzschnitt, Brücke-Museum, Berlin

enttäuscht erlebte) verantwortlich, andererseits die Einsicht in die Unmöglichkeit, das Moment der Improvisation, das eigentlich ›Ursprüngliche‹ des Jazz in die Kunstmusik zu integrieren.

Léger hatte seine Figurenstudien für das Ballett mit Durchzeichnungen aus Carl Einsteins Buch *Negerplastik* von 1915 begonnen. Dort waren 111 Objekte ohne Herkunftsangabe abgebildet; es war die erste Veröffentlichung zur afrikanischen Plastik und hatte schon die ›Brücke‹-Maler in Deutschland, allen voran Karl Schmidt-Rottluff, beeinflusst. Bei ihm, bei Max Pechstein und Ernst Ludwig Kirchner gibt es eine mythische Dimension des Primitivismus, die direkter und unvermittelter

Paul Colin, *Die ›Revue Nègre‹*, 1925, Plakatentwurf für das Théâtre des Champs-Elysées, Sammlung des Künstlers

Hugo Scheiber, *Negertänzerin*, um 1930, Gouache, Privatsammlung

eingesetzt wurde als in Frankreich. Die Rezeption der ›schwarzen‹ Musik aber blieb davon so gut wie unbeeinflusst. Der Jazz, den man in Deutschland nach dem Ersten Weltkrieg kennen lernte, stand für Amerika, für Fortschritt und soziale (und sexuelle) Befreiung. Der rauschhafte Vergnügungstaumel im Berlin der zwanziger Jahre war von amerikanischer Tanzmusik begleitet, man sprach vom ›Jazz-Delirium‹. Authentischer Jazz war das nicht, sondern Schlagermusik mit Jazzanklängen in Besetzung und Rhythmus. ›Jazz‹ wurde zunächst in gedruckten Arrangements rezipiert, dann von Schallplatten – wobei amerikanische Aufnahmen lange kaum erhältlich waren und die deutschen bestenfalls den ›weißen‹ Jazz der frühen zwanziger Jahre imitierten.

Plakat für eine Pariser Aufführung der Jazzoper *Jonny spielt auf*, 1928

»Jazzmusik war mir zuwider, aber sie war mir zehnmal lieber als alle akademische Musik von heute, sie traf mit ihrer frohen rohen Wildheit auch bei mir tief in die Triebwelt und atmete eine naive Sinnlichkeit«[12], sagt Harry Haller, die Hauptfigur von Hermann Hesses im Jahr 1927 erschienenem *Steppenwolf*. Der vereinsamte Held, der als seine Hausgötter Mozart und Goethe nennt, flieht das moderne Leben, für das die amerikanische Tanzmusik (unter dem Namen ›Jazz‹) steht, fühlt sich aber zugleich von ihr magisch angezogen: »Fröhlichkeit, Unschuld, Leichtsinn, Schwung« will er erwerben, indem er die modernen Tänze lernt. Erst am Schluss versteht Haller, dass er nur, indem er sich der »verfluchten Radiomusik des Lebens« hingibt[13], zur seelischen Gelassenheit finden kann. Jazz bedeutet vor allem Genussfreudigkeit und Lebenswirklichkeit, hat aber von der ›schwarzen‹ mythischen Seite die Dimension der Ungebrochenheit und ›reinen‹ Sinnenfreude, bedeutet die Möglichkeit, sich »ganz naiv und kindlich dem Leben und Tun der Allerweltsmenschen anzuschließen«.[14]

Jazzbo Jim, Blechspielzeug, 1920er Jahre

Wie eine Umsetzung der *Steppenwolf*-Programmatik auf die Opernbühne wirkt Ernst Kreneks Welterfolg *Jonny spielt auf*, in nur zwei Jahren von fast 100 Opernhäusern gespielt, in 18 Sprachen übersetzt, arrangiert gleichermaßen für Salonorchester und Jazzband. Der lebensferne ›Kunstmensch‹ ist hier der Komponist Max, der ›Gletschermensch‹, sein Gegenpart der schwarze Jazzmusiker Jonny, der das moderne Leben verkörpert, dem Max sich schließlich öffnet. Im Schlussbild spielt Jonny zum Tanz auf – erst auf der Uhr der großen Bahnhofshalle stehend, dann auf der Erdkugel: »Die Überfahrt beginnt ins Land der Freiheit.« Das alte müde Europa wird von der Neuen Welt ›im Tanz‹ übernommen.

Krenek hatte den Impuls zu seiner Oper durch die Neger-Revue *Chocolate Kiddies* und die Musik von Duke Ellington bekommen. Musikalisch blieb das jedoch relativ folgenlos. Jonny als Geiger knüpfte an die Tradition der ›dämonischen‹ (Zigeuner-)Geiger an – bei Hesse war der ›Jazzmusiker‹ Pablo immerhin Saxophonist. Und die Musik des schwarzen Entertainers ist formelhafter ›Kunstjazz‹, abgeleitet aus dem Modetanz Shimmy[15], wozu Blues- und Spiritualanklänge treten. Kein Wunder also, dass *Jonny* in New York keine Fortune hatte: Die Amerikaner erkannten ihre angebliche Musik nicht wieder. Der ›Jazz‹ verkörpert bei Krenek das Leben in seiner Trivialität und Erfolgsorientierung; der schwerblütige Max gewinnt die Geliebte erst, als er sich diesem Leben anvertraut. ›Jazz‹ ist Gegenbild zur lebensfernen und lebensfeindlichen Kunstwelt, für den Komponisten auch die Möglichkeit des Ausbruchs aus der Verstandesmusik der Serialität. Wenn Arnold

Schönberg zustimmend Beethoven zitierte, dass er mit dem Verstand gehört werden wolle, so wendet sich die Glorifizierung des Jazz gerade gegen diese elitäre Rationalität. *Jonny* ist eine Künstleroper und keine ›Jazzoper‹, mit effektvoller Gegenüberstellung eines im Grunde spätromantischen Musikgestus und einer mondänen ›amerikanisierten‹ Musiksprache, die in ein kunsthandwerklich geprägtes Idiom transponiert wird, wodurch der Triumph der ›Überfahrt‹ ins Land der neuen Freiheit an existentiellem und kunstphilosophischem Gewicht verlieren muss. »Reichtum, Glück, Ahnung lichterer Musik«, so schließt der Hymnus, mit dem Paul Stefan in den *Musikblättern des Anbruch* das Jazz-Heft von 1925 eröffnet hatte: Dahinter bleibt Kreneks effektsichere Musik deutlich zurück.

»Bierhaussiechen ist meine Seele / und meine Zähne klappern im Shimmytakt. / Großstadtromanzen durchziehen / meine Gehirne ...« So beginnt der ›Prolog‹ zur 1921 komponierten Suite für Kam-

Otto Dix, *An die Schönheit*, 1922, Von-der-Heydt-Museum, Wuppertal merorchester von Erwin Schulhoff. ›Jazzoide‹ Elemente in der Form modischer synkopierter Tanzmusik prägen vor allem seine zwischen 1922 und 1931 entstandenen Kompositionen. In Dresden hatte er im Umkreis von Otto Dix und George Grosz die sozialistische Funktionalisierung von Großstadtbildern und die Anspielung auf modischen Tanz-Jazz kennen gelernt und Letzteres in seiner Musik eingesetzt. Der ›Kunstjazz‹ Schulhoffs ist Rezeption und Kritik in gleichem Maß: Arbeit mit den neuen Rhythmen, durch kompositorisches Handwerk aus der Trivialität gehoben, ähnlich, wie Strawinsky es in der *Geschichte vom Soldaten* gemacht hatte, aber näher am Puls der Zeit, den deutschen ›années folles‹. In seiner Don-Juan-Oper *Flammen* verwendet er gleich zweimal eine Jazzband – eine steht für die befreite Sinnlichkeit im Kontrast zur feierlichen Kirchenorgel im Bild ›Mitternachtsmesse‹, die andere in ›Bankett‹ für den zwanghaften Rausch der Sexualität, dem der Held durch den erwünschten Tod entkommt – eine Zeitdiagnose, die schärfer formuliert als Krenek. Auch deshalb, nicht nur wegen dramaturgischer Schwächen, wurde das Werk von den deutschen Bühnen abgelehnt. Es war eben keine Oper für einen Saisonerfolg.

Ohne den Jazz ist schließlich auch Alban Bergs *Lulu* nicht zu denken[16]: Die aufgelockerte Orchestrierung, die Behandlung der Instrumente, aber auch melodische Floskeln und ganze Abschnitte zeugen von diesem Einfluss. Die Zirkus-Metapher, die im Prolog etabliert wird, hat ihr Pendant im ›Jazz‹, der in der dritten Szene des ersten Aktes die Halbweltatmosphäre des Theaters kennzeichnet und, in Kontrast zu den ›älteren‹ Tanzformen Menuett und Gavotte, die Zeitlosigkeit Lulus darstellt.

Der Einfluss des Jazz auf die Kunstmusik ließ in den dreißiger Jahren nach: Klangfarbe und Melodiestil waren assimiliert, die programmatischen Dimensionen zwischen Ursprungsmystik und Alltagsleben ausgeschöpft. Nach dem Zweiten Weltkrieg kam es jedoch zu einer Renaissance der alten Möglichkeiten: Rolf Liebermann schrieb 1954 ein *Concerto for Jazz-Band and Symphony Orchestra*, in dem er aktuelle jazzoide Tanzformen einbezog und damit – wiederum – die Entfremdung von Gebrauchs- und Kunstmusik überwinden wollte (was er in Strawinskys *Ebony Concerto* von 1945 vermisste).[17] Auch Boris Blacher ist hier zu nennen, der 1937 in seiner *Concertanten Musik* jazznahe Rhythmen verwendet hatte, ebenso wie noch in seinem Konzert für Klarinette und Kammerorchester von 1971; und auch in seiner dreisätzigen Arbeit für die Zwölf Cellisten der Berliner Philharmoniker schreibt er als ersten Satz einen Blues. Blacher hat für das Modern Jazz Quartet und die German All Stars komponiert: Der Einfluss der Kunstmusik auf den ›ernsthaften‹ Jazz ist ansonsten längst stärker als in der umgekehrten Richtung. Nach der ›nachgetragenen Liebe‹ der Deutschen zum Jazz in den fünfziger und frühen sechziger Jahren wurde er zur elitären ›Studentenmusik‹, die nicht mehr für Ursprünglichkeitsmythen oder Vitalitätsphantasien taugte.

Anmerkungen

1 Die Entwicklung der Jazz-Band und die nordamerikanische Negermusik. In: Musikblätter des Anbruch, 7. Jg. Nr. 7, April 1925, S. 200 und 205 (Neufassung des Textes von 1923, vgl. Anm. 11)

2 Wolfgang Burde, Igor Strawinsky, Mainz 1982, S. 39f.

3 Erinnerungen. In: Igor Strawinsky, Schriften und Gespräche I, hg. von Wolfgang Burde, Darmstadt 1983, S. 90

4 Ebd., S. 80

5 Jean-Claude Blachère, Le modèle nègre. Aspects littéraires du mythe primitiviste au XXe siècle chez Apollinaire, Cendrars, Tzara, Dakar/Abidjan/Lomé 1981

6 William Rubin, Pablo Picasso. In: Primitivismus in der Kunst des zwanzigsten Jahrhunderts, hg. von W. R., München 1984, S. 249–353, hier S. 268

7 Darius Milhaud, Ma vie heureuse, Paris 1987, S. 125

8 Ebd., S. 100

9 Vgl. Elke Seipp, Die Ballettwerke von Darius Milhaud, Tutzing 1996, S. 78ff.

10 Laura Rosenstroh, Léger. ›Die Erschaffung der Welt‹. In: Primitivismus [Anm. 6], S. 487–497, hier S. 494

11 L'évolution du jazz-band et la musique des nègres d'Amérique du Nord. In: Darius Milhaud, Études, Paris 1928, S. 51–59, hier S. 51

12 Hermann Hesse, Der Steppenwolf, Frankfurt/Main 1974, S. 43

13 Ebd., S. 132 und 235

14 Brief Hesses an Alice Leuthold vom Februar 1926. In: Materialien zu Hermann Hesses ›Der Steppenwolf‹, hg. von Volker Michels, Frankfurt/Main 1979, S. 62

15 J. Bradford Robinson, Jazz Reception in Weimar Germany: in Search of a Shimmy Figur. In: Music and Performance During the Weimar Republic, hg. von Dryan Gillium, Cambridge 1994, S. 107

16 Vgl. hierzu Theodor W. Adorno, Alban Berg, der Meister des kleinsten Übergangs. Gesammelte Schriften, Bd. 13: Die musikalischen Monographien, Frankfurt/Main 1971, S. 510f.

17 Peter W. Schatt, Jazz in der Kunstmusik, Kassel 1995, S. 169

Das januskpfige Volk

Bemerkungen zum Begriff des Volkstümlichen bei Dmitri Schostakowitsch

Gerhard Müller

Nichts scheint eine klarere Sache zu sein als populäre Musik. Ob man sie nun schätzt oder nicht – sie gilt als die natürliche. Zustimmung ist ihr sicher, da sie Vergnügen bereitet und dem Publikum entgegenkommt. Ob Volkslied oder Schlager, Rock-Titel oder zeitkritischer Song – dies alles steht als ›seconda pratica‹ des 20. Jahrhunderts der auserwählten ›prima pratica‹ der ›ernsten Musik‹ der Moderne gegenüber. Als ernst will niemand gelten, als modern schon eher. Da empfiehlt sich als Ausweg die Symbiose. Man werfe beides zusammen und hat die Lösung – die modische Avantgarde, unterhaltsam aufgedonnert und gedankenfrei. Das einfache Nebeneinander sinfonischen und populären Musizierens gelingt manchmal, meist aber nicht. Ob es sich um die *Zirkus-Polka* oder die Ragtimes von Strawinsky handelt, um Gershwins *Rhapsody in Blue* oder Ravels *Bolero* – und natürlich kann man hier auch die *Jazz-Suite* und den *Tahiti-Trott* von Schostakowitsch nennen –, auf diesem Gebiet gibt es immer einige gelungene Beispiele und viele misslungene. Aber auch die gelungenen werden meist keine Schlager; dass die Zirkus-Elefanten nach der Musik von Strawinsky nicht tanzen wollten, war kein Zufall. Alle diese Kompositionen sind auch eher Satiren auf die allgemeinen Forderungen an die Komponisten, der gefühlskalten Moderne abzuschwören und den massenhaften Geschmack zu bedienen, denn mit ihm macht man bessere Geschäfte. Die ›Theoretiker‹ des ›sozialistischen Realismus‹ – die Anführungszeichen sind notwendig, weil es sich weder um eine Theorie noch um Sozialismus oder Realismus handelt – forderten zusätzlich den ›positiven Helden‹ und den ›Kampf der Volksmassen‹, und Klassizismus wie Folklore sollten sich auf eine geheimnisvolle neue Weise vereinen, um ihm künstlerische Gestalt zu leihen. Die Tradition, die beschworen wurde, endete vor Debussy, Mahler, Schönberg und Skrjabin. Was mit ihnen kam, wurde unter dem Stichwort ›Formalismus‹ verworfen als dekadente Abweichung. Hier ist allerdings die Anmerkung angebracht, dass ähnliche ästhetische Forderungen im 20. Jahrhundert unter dem Verzicht auf die propagandistischen Vorzeichen nicht nur in der Sowjetunion erhoben wurden, sondern sie gehörten zum Standard-Vokabular konservativer Kritiker ebenso wie zu den nazistischen Feldzügen gegen die ›jüdisch-bolschewistische‹ Kunst. Der entscheidende Unterschied bestand nicht auf ästhetischem Gebiet, sondern in der Richtung der politischen Instrumentalisierung.

Am Flügel: der junge Schostakowitsch und Wsewolod Meyerhold. Stehend, v.l.: Wladimir Majakowski und Alexander Rodtschenko

Soll Schostakowitschs Verhältnis zur populären Musik untersucht werden, dann muss man dieses Populäre zuerst selbst befragen. Dem jungen Leningrader Komponisten mit der Intellektuellenbrille und dem aufmerksamen, aber irgendwie auch abwesenden Blick stand das gesamte musikalische Arsenal scheinbar mühelos zu Diensten. Er beherrschte die sinfonische Technik wie das populäre Idiom. Letzteres hatte er sich als Stummfilm-Pianist erobert, womit er sein Studium finanzierte. Von der *Jazz-Suite* von 1934 bis zur späten Operette *Moskwa-Tscherjomuschki* aus den fünfziger Jahren hatte er sich mit leichter Hand dieses Genres bedient. Die Romanze aus der Filmmusik zu *Owod (Die Stechfliege)* wurde ein Weltschlager. Solche Intonationen erscheinen auch in seiner Sinfonik, als eigene Erfindung wie als Zitat, aber sie bedeuten dort etwas anderes, und es wäre verfehlt, sie als Symbiosen zwischen den beiden Praktiken zeitgenössischen Musizierens zu bezeichnen.

Die Formalismus-Debatte in der Sowjetunion, die in den Kampagnen von 1936 und 1948 gipfelte, diente dazu, die Künstler einem ästhetischen Diktat und politischer Disziplin zu unterwerfen. Es wird oft nicht erwähnt, dass diesem kunstsoziologischen Feldversuch die Unterwerfung und Regulierung der volkstümlichen Musik vorausging. Volkslied, Revolutionslied, Arbeiterlied, bäuerliche Folklore verloren ihre ursprüngliche Bestimmung, unmittelbarer Ausdruck der Lebenspraxis zu sein, sie wurden kommerzialisiert und verkultet. Als ästhetischer Begriff war das ›Volkslied‹ edles Metall, geheiligt durch Puschkin, Glinka, Tschaikowsky, Mussorgski, als musikalische Praxis jedoch wurde es durch den propagandistischen Gebrauch herabgewürdigt und entwertet. Dieser Prozess betraf alle Künste, und es war auch nicht die Musik, die zuerst betroffen war. Das Populärste aus der Sicht der Massenpropaganda waren Film und Fotografie.

Stalin sorgte in den dreißiger Jahren dafür, dass er auf den Fotos aus den Revolutionstagen in Erscheinung trat – ein authentischer Führer musste mit Lenin die Revolution geplant haben. Das hatte er aber nicht, und weil er bis 1917 kaum bei wichtigen politischen Entscheidungen dabei gewesen war, existierte hier ein Problem. Er löste es dadurch, dass er sich in die Fotos nachträglich hineinretuschieren ließ, vorzüglich als Begleiter und Gesprächspartner Lenins. Aus Hunderten von historischen Fotos mussten nach und nach Trotzki, Sinowjew, Kamenew und andere verschwinden, die in den dreißiger Jahren Opfer von Stalins Terror wurden. Die Ermordeten wurden wegretuschiert, andere Personen erschienen, die es da niemals gegeben hatte, oder es blieben leere Flecken. Nach diesen gefälschten Fotos, die hier gewissermaßen die bildkünstlerische Folklore repräsentieren, wurden später die ›authentischen‹ Historiengemälde verfertigt. Überhaupt war der ›sozialistische Realismus‹ zunächst eine Sache der Revolutionsmalerei.

Auf einem dieser Gemälde von Michail Solokow aus dem Jahr 1937, das Lenins legendäre Ankunft am 16. April 1917 auf dem Petrograder Finnischen Bahnhof darstellt, steigt Stalin hinter Lenin aus dem plombierten Waggon, in dem er sich niemals befunden hatte.[1] Schreckliche Berühmtheit erlangte der Bildband *Zehn Jahre Usbekistan* von Alexander Rodtschenko aus dem Jahr 1934. Er enthielt Fotos usbekischer Funktionäre, aber schon drei Jahre später waren viele

Michail Solokow, *Lenins Rückkehr nach Russland am 16. April 1917*, 1937, nach einem Augenzeugenbericht von Nikolai Suchanow. Der von Suchanow nicht erwähnte Stalin, der sich auch tatsächlich weder im Schweizer Exil noch in dem Zug befand, erscheint hinter Lenin in der Waggontür

von ihnen erschossen worden. Rodtschenkos Apologie war plötzlich ein staatsfeindliches Buch, weil es Unpersonen abbildete, und Rodtschenko überlegte, wie er diese Personen verschwinden lassen könnte. Er hatte einen surrealistischen Einfall: Er übermalte die Gesichter der Erschossenen mit schwarzer Tusche. Diese gesichtslosen Porträts klagten eindringlicher an, als es je ein naturalistisches Bild vermocht hätte.[2] Normalerweise aber mussten die Retuschen unbemerkbar bleiben. So verfuhr man auch mit der Musik, nur wurde nicht die Melodie, sondern der Sinn der Lieder wegretuschiert. Das Lied klang noch genauso wie vorher, aber es blieb trotzdem nicht das alte Lied. Es wurde jetzt als neues Lied gesungen, von großen, gut studierten Chören.

In Michail Bulgakows Roman *Der Meister und Margarita*, der in jenen Jahren geschrieben wurde, kommt der Teufel Voland mit seinen Gefährten, einer Art Politbüro, nach Moskau und terrorisiert die Stadt. Wen dieser Teufel meinte, war leicht zu erraten (der Roman blieb deshalb auch bis 1967 unpubliziert). Folgendes vollbringt er in einer Filiale der Städtischen Kommission für Schauspiele in einer alten Villa mit abblätterndem Putz:

»Mehrere Besucher standen stocksteif und betrachteten ein weinendes Fräulein, das an dem Verkaufstisch mit Theaterfachliteratur saß. Momentan bot das Fräulein keine Fachliteratur an und winkte teilnahmsvolle Fragen nur ab, und währenddessen hörte man von oben, von unten, von den Seiten und aus sämtlichen Abteilungen der Filiale das Schrillen von mindestens zwanzig heißlaufenden Telefonen. Plötzlich zuckte das weinende Fräulein zusammen und schrie hysterisch: ›Es geht schon wieder los!‹ Und auf einmal begann sie mit zitterndem Sopran zu singen:

›Herrlicher Baikal, du heiliges Meer ...‹

Auf der Treppe erschien ein Bote, drohte mit der Faust und sang zusammen mit dem Fräulein in klanglosem mattem Bariton:

›Auf einer Lachstonne will ich dich zwingen ...‹

Ferne Stimmen gesellten sich dazu, der Chor schwoll an, und endlich brauste das Lied durch alle Winkel der Filiale. Im nahen Zimmer 6, wo sich die Rechnungskontrolle befand, tat sich ein sehr tiefer, körniger, mächtiger Baß hervor.

›Scharfer Nordost treibt die Wellen daher ...‹, brüllte der Bote auf der Treppe. Tränen strömten dem Fräulein übers Gesicht, sie versuchte, die Zähne zusammenzubeißen, aber der Mund öffnete sich von selbst, und sie sang eine Oktave höher als der Baß:

Michail Bulgakow

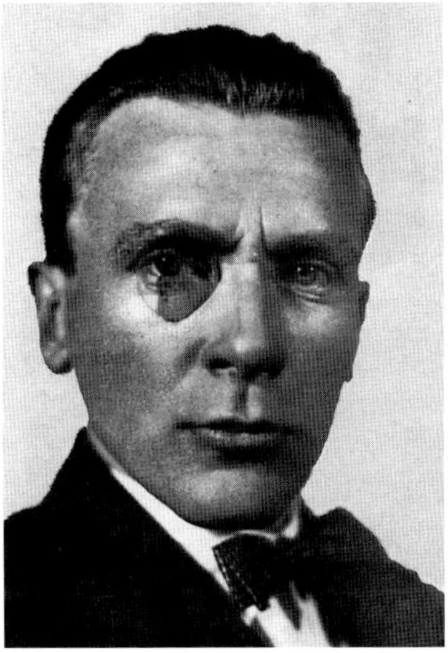

›Rettung, sie muß mir gelingen!‹

Die schweigenden Besucher waren besonders davon beeindruckt, daß die verstreuten Chorsänger sehr harmonisch sangen, als stünde der Chor beisammen und ließe kein Auge vom unsichtbaren Dirigenten. In der Wagankowski-Gasse blieben die Passanten am Hofgitter stehen, verwundert von der Heiterkeit in der Filiale ... Eine Viertelstunde später fuhren drei Lastautos beim Gitter in der Wagankowski-Gasse vor, und auf diese Lastautos wurde das gesamte Personal der Filiale verladen, allen voran der Leiter. Kaum war der erste Lastwagen, in der Ausfahrt schwankend, in die Gasse eingebogen, da öffneten die Angestellten, die im Wagenkasten standen und einander bei den Schultern hielten, den Mund, und die Gasse hallte wider von dem volkstümlichen Lied. Das zweite Lastauto griff die Melodie auf, dann auch das dritte. Die Passanten, die ihren Geschäften nachgingen, warfen den Lastautos nur flüchtige Blicke zu. Sie wunderten sich nicht, denn sie glaubten, die Leute machten einen Ausflug nach außerhalb. Man fuhr tatsächlich auch nach außerhalb, aber nicht ins Grüne, sondern in die Klinik von Professor Strawinski.«[3]

Die Szene übertrieb nur wenig. Der unsichtbare Dirigent, die weinenden und wehrlosen Menschen, die Verhaftung und das Irrenhaus – denn das war diese Klinik von Strawinski –, alles unsinnigerweise vermischt mit der sentimentalen Weise eines alten Revolutionsliedes, das zwanghaft ertönt und alle normalen Gespräche verhindert: Das war in nuce ein Stück Moskau in jener Zeit, als der Terror begann.

Lieder, Bilder, Fotos, Theaterstücke und Filme reduzierten sich auf ihre politische Bedeutung. Authentizität, eigentlich eine vorkünstlerische Gegebenheit, wurde künstlich erzeugt, die Fälschung war das Echte und die Wirklichkeit eine Fälschung. Auf diese Weise verschwammen die Grenzen zwischen wahr und falsch, Willkür herrschte, und der Denunziation war das Feld bereitet. Schostakowitsch selbst war ein frühes Opfer dieses Klimas, die Geschichte der Kritik an seiner Oper *Lady Macbeth von Mzensk* ist bekannt. Aber vielleicht nicht immer ganz verstanden. Da der Autor des Artikels ›Chaos statt Musik‹ vom 28. Januar 1936 in der *Prawda*, dessen Autorschaft sogar Stalin selbst zugeschrieben wird, vor allem musikalisch argumentierte, war man der Ansicht, es ginge um Musik. Denn der anonyme Autor spricht von der »betont disharmonischen, chaotischen Flut von Tönen, Bruchstücken von Melodien, [...] Gepolter, Geprassel und Gekreisch«. Diese »verdrehte« Musik sei so beschaffen, »daß in ihr nichts mehr an die klassische Opernmusik« erinnere und sie »mit symphonischen Klängen, mit der einfachen, allgemein verständlichen Sprache der Musik nichts mehr gemein« habe. Es sei eine

Musik, »die nach dem gleichen Prinzip der Negierung der Oper aufgebaut ist, nach dem die ›linke‹ Kunst überhaupt im Theater die Einfachheit, den Realismus, die Verständlichkeit der Gestalt, den natürlichen Klang des Wortes negiert«.[4] Das ist die Argumentation gegen den ›Proletkult‹. Dass dies jedoch Stalins Anliegen gewesen sein sollte, ist kaum glaublich. Wenige Tage später, am 6. Februar 1936, erschien in der *Prawda* noch ein zweiter Artikel gegen Schostakowitsch, dessen Gegenstand das Ballett *Der helle Bach* war. Dessen Musik war jedoch, im Gegensatz zu der der Oper, leicht, heiter und operettenhaft. Trotzdem wurden die gleichen Einwände erhoben. Entweder hatte der Autor der Polemiken die beiden Werke gar nicht gehört, oder er verfolgte ein anderes Ziel. Die Polemik gegen den ›Proletkult‹ zu Beginn der dreißiger Jahre war nur scheinbar eine Kunstdebatte, in Wirklichkeit aber Teil der antitrotzkistischen Propaganda. Deshalb ist es wahrscheinlich, dass auch diese beiden Artikel, die den Proletkult-Diskurs wieder aufnehmen, sich nicht auf die Musik und auf Schostakowitsch selbst richteten. Die eigentliche Zielscheibe des Artikels könnte der kunstsinnige Armeegeneral Michail Tuchatschewski gewesen sein, mit dem Schostakowitsch seit 1925 befreundet war.[5] Tuchatschewski war einer der Revolutionsgeneräle von 1918, er gehörte wie Bucharin, Sinowjew, Kamenew, von Trotzki ganz zu schweigen, zur alten Garde, die Stalin mit Misstrauen und Hass verfolgte. 1936 war er zum stellvertretenden Volkskommissar für Verteidigung ernannt worden, 1937 wurde er verhaftet und erschossen. Schostakowitsch schrieb unter dem Eindruck dieses Todes das Largo seiner 5. Sinfonie.

Eine mögliche Ursache könnte aber auch in den beiden kritisierten Werken selbst gelegen haben. Nicht so sehr die Musik war verfänglich als vielmehr das Sujet. An sich war das Ballett nur eine harmlose Revue, deren Rahmenhandlung darin bestand, dass eine Gruppe ausländischer Artisten einen Kolchos im Kuban-Gebiet besucht und allerlei heitere Abenteuer erlebt. Die Oper spielte überhaupt nicht in der Gegenwart, sondern im alten Russland und erzählt die Geschichte einer jungen Frau, die ihren Schwiegervater und ihren Mann umbringt, weil sie sie erniedrigen, quälen und schänden. Warum waren diese Sujets plötzlich verdächtig geworden? Die Bilder standen quer zur Wirklichkeit. Das Ballett wurde verboten, weil die Schilderung einer glücklichen Kolchose in jenen Jahren eine allzu offensichtliche Beschönigung darstellte. Denn nach der Kollektivierung waren Hunderttausende von Mittelbauern nach Sibirien oder Mittelasien umgesiedelt worden, und ganze Familien wurden als Kulaken und Feinde der Sowjetmacht erschossen. So war das Ballett Gebrauchskunst, die sich nicht mehr gebrauchen ließ. Die Oper traf das gleiche Verdikt aus dem entgegengesetzten Grund. Sie endete mit einer Szene, die russische Sträflinge auf dem Wege in die sibirische Verbannung zeigt. Das war nun allerdings ein Bild, das aktuelle Assoziationen weckte; es entsprach der Wahrheit, denn der ›Archipel Gulag‹ war im Entstehen. Der junge Schostakowitsch erfuhr, dass es gleichermaßen gefährlich war zu lügen wie die Wahrheit zu sagen. Er verfolgte jedenfalls seinen Plan, einen Zyklus von Opern über russische Frauenschicksale zu schreiben, nicht weiter, und das erste Werk des unvollendeten Zyklus verschwand für fast 30 Jahre aus den Spielplänen der Theater.

Das Land glänzte offiziell im Lichte seiner Erfolge, die es auch tatsächlich gab, intern regierten Terror und Lüge. Es war dies damals aber – mit nationalen Varianten – die Situation der Künste in vielen Ländern. Und diese Situation kolorierten überall die allgemein bekannten Weisen, denen ihr Geist bei dieser Gelegenheit abhanden kam. Ein Revolutionslied, von einem Sträflingschor in einem sibirischen Gulag gesungen, eine Mozart-Sinfonie, von einem jüdischen Sträflingsorchester in Theresienstadt gespielt, verlieren ihre Identität. Zur musikalischen Gestalt tritt eine zweite Bedeutung. In Deutschland ist das bekannteste Beispiel Liszts Fanfare aus *Les préludes*. Eigentlich eine Revolutionsfanfare der Vormärz-Zeit, wurde sie dank Goebbels, der sie auswählte, um damit die Wehrmachtsberichte im Reichsrundfunk einzuleiten, zum Pawlowschen Erinnerungsimpuls des Krieges. In den modernen Massengesellschaften und ihren gesteuerten Medien ist der alte Begriff des Volkstümlichen desolat geworden. Für Herder war das Volkslied ein Zurück zur Natur, zu den heiligen Ursprüngen, es repräsentierte das Echte und Wahre. Sein Verständnis des Volkstümlichen verkam im 20. Jahrhundert zur Charaktermaske. Die deutschen Volkslieder, die 150 Jahre nach Herder zum Sedantag gesungen wurden, assoziierten die siegreiche Schlacht. Das ›Deutschlandlied‹ von 1842, polemisches demokratisches Chanson gegen die deutschen Partialfürstentümer und als solches auch verboten, mutierte mitsamt Haydns zu anderen Texten erfundener Melodie zum Fahnensong des alldeutschen Chauvinismus. Die schmissigen Schlager der Berliner Revuen rüsteten die Volkslied-Intonationen mit dem Instrumentarium der Militärkapellen auf, das Marsch-mäßige ist zugleich das Mars-mäßige. Es war weniger die Kommerzialisierung als der skrupellose politische Missbrauch, der das Volkstümliche entwertete.

Die Forderung nach einer volkstümlichen und allgemein verständlichen Musik, anscheinend so einleuchtend und selbstverständlich, war ein Kapitulationsverlangen. Nicht als »ein Organum der Demokratie« (Wolfgang Heise) sollten die Künste wirken, nicht, wie es Puschkin verstand, als »das heilige Buch der Völker«, sondern als propagandistische Fassadentünche. In der Sowjetunion trat dieser Widerspruch besonders krass in Erscheinung, weil sich die neue Gesellschaft als das erfüllte revolutionäre Vermächtnis der russischen Geschichte, Literatur und Kunst darstellte und auch selbst so verstand, während die Regierung zu den Methoden des verhassten zaristischen Regimes zurückkehrte und sie modernisierte. Heute liegt dies offen vor Augen, aber damals war es schwer zu erkennen. Die Revolution repräsentierte in den Augen der Gesellschaft ein großes Ideal, und an eine glückliche Zukunft wurde fest und innig geglaubt. Die Einsicht in die wirkliche Lage konnte daher nur mühsam und unter Gefahr gewonnen werden. Auch der junge Schostakowitsch wuchs nur langsam in die Rolle eines Wahrheitssuchers hinein. Er hörte in den vielfältigen klingenden Stoff und suchte zu erfassen, was er sagte. In der volkstümlichen Musik, die vom großen Aufbruch künden sollte, hörte er das Gehetzte und Gejagte, die Trommeln, Schläge und Schüsse. Das war es, was sie wirklich erzählte, während in den gesungenen Worten die Nachtigallen schluchzten, die Liebenden sich küssten und die Sonne der Revolution aufging. Alle diese Lieder und Weisen, die alltäglichen Klänge wurden ihm zu Figurationen eines großen zeitgenössischen Dramas. Die russischen Dichter, ob Puschkin, Gogol, Dostojewski oder Tolstoi, hatten etwas von der Statur alttestamentarischer Propheten. Schostakowitsch sah sich in dieser Tradition. Als er sich an jenem Januartag des Jahres 1936, als ihn die *Prawda* angriff, umwandte und das Elend seines Volkes und seiner Revolution ansah sowie die Lügen und Beschönigungen, da begann er darüber nachzudenken, wie eine Musik klingen müsste, die dieser Zeit entspräche. Und wie Brecht sah er sich mit den Schwierigkeiten beim Schreiben der Wahrheit konfrontiert, die in allen Ländern und zu allen Zeiten die gleichen sind: »Wer heute die Lüge und Unwissenheit bekämpfen und die Wahrheit schreiben will, hat zumindest fünf Schwierigkeiten zu überwinden. Er muß den Mut haben, die Wahrheit zu schreiben, obwohl sie allenthalben unterdrückt wird; die Klugheit, sie zu erkennen, obwohl sie allenthalben verhüllt wird; die Kunst, sie handhabbar zu machen als eine Waffe; das Urteil, jene auszuwählen, in deren Händen sie wirksam wird; die List, sie unter diesen zu verbreiten.«[6]

Wenn wir die frühen Werke von Schostakowitsch betrachten, die ersten drei Sinfonien, die frühen Filmmusiken oder die Oper *Die Nase* nach Gogol, dann fällt ihr revolutionäres, oftmals satirisch konterkariertes Pathos ins Ohr. Es ist das Pathos von Majakowskis ›Linkem Marsch‹: »Gaul Geschichte, du hinkst! He, wer schreitet dort rechts aus? Links links, links!« Dieses satirische Pathos, das ›Mysterium buffo‹ der Weltgeschichte, setzte ein optimistisches Weltbild voraus: Das Richtige, Gute, Schöne ist durch die Oktoberrevolution in die Welt gekommen, aber das ›Alte‹, Profitgier, Niedertracht, Verschlagenheit, Eigennutz, noch nicht besiegt. Doch der Revolutionsgeist würde es bald aus den Köpfen und Herzen fegen und der Neue Mensch in Glanz hervorgehen aus dem alten Adam. Der sollte dann nur noch als anachronistisches Zootier von den glücklichen Bewohnern des dritten Jahrtausends bestaunt werden, wie es Majakowski in seinen Theater-Satiren erfand. Nun aber zeigte sich eine andere, pessimistische Vision: Nach der Revolution hat sich in Moskau eine Teufelsmacht installiert, die die alten, schlechten Mencheneigenarten befestigt und befördert und Lug und Trug, Gewalt und Willkür zu verwirrender Geltung bringt. Diese Vision ist in der modernen sowjetischen Literatur in vielerlei Gestaltung entfaltet worden, von Michail Bulgakow wie von Tschingis Aitmatow, von Alexander Blok, Anna Achmatowa und Jewgeni Jewtuschenko. Auch in den Werken von Dmitri Schostakowitsch fand sie eine eindringliche Verkörperung.

Dmitri Schostakowitsch in einer Karikatur von Kukryniksy, 1942

Zwischen 1929 und 1936 vollzog sich dieser Paradigmenwechsel, die 3. und die 4. Sinfonie markieren die Eckpunkte. Die eine bildete den Endpunkt der frühen, avantgardistischen Phase, die andere den Beginn des neuen Weges. An der unterschiedlichen Behandlung der volkstümlichen Intonationen in beiden Werken lässt sich dieser Wandel ablesen. Die 3. Sinfonie op. 20 mit dem Untertitel ›Perwomajskaja‹ (1. Mai) aus dem Jahr 1929 ist von dem Majakowskischen Pathos des Aufbruchs der Massen erfüllt. Sie endet mit einem hymnischen Schlusschor auf den 1. Mai nach Worten von Sergej Kirsanow:

Heb, Marsch, in der Sonne die Fahnen höher,
In den Ohren dröhne dein Tritt;
Jeder Erste Mai näher
Zum Sozialismus ein Schritt [...]

Die lange instrumentale Einleitung ist die musikalische Darstellung eines Maiaufzugs – Marschklänge aus verschiedenen Richtungen simulieren das Zusammenströmen der festlich gestimmten Demonstranten. Manche Überlagerungen erinnern an Charles Ives, und obwohl dieses Marsch-Crescendo, das zweimal durch langsame Passagen unterbrochen wird, als ob man an einem Gedenkstein innehielte, mit genialer Phantasie in ständig wechselnden und entwickelnden Variationen des Materials realisiert wird, verfügt es weder über einen ausdrucksmäßigen noch einen musikalischen Reichtum. Es ist sozusagen eindimensionale Musik. Arnold Schönberg hätte in dieser Partitur eine Menge Beweise ziehen können für seine These, dass man aus Volksliedern (oder, wie hier, aus volkstümlichen Märschen) keine Sinfonien machen kann.[7]

In den folgenden Sinfonien hat Schostakowitsch bewiesen, dass man es kann, oder dass er es konnte. Aber ein Streit, wer nun Recht hatte, ist akademisch und geht an der Sache vorbei. Schönberg argu-

Faksimile der ersten Partiturseite der 4. Sinfonie von Dmitri Schostakowitsch in der Handschrift des Komponisten. Dieser Satz befindet sich nicht in der gedruckten Partitur

Der ›Blutsonntag‹, 9. Januar 1905, Schlossplatz vor dem Winterpalais in St. Petersburg. Soldaten schießen auf die von dem Popen Gapon angeführte Bittprozession Petersburger Arbeiter

mentierte strukturell. Die Volksmelodien seien zu arm an melodischem und harmonischem Material, als dass man mit ihnen entwickelte Musik schreiben könne; er bewies es an großem Beispiel, dem ›Thème russe‹ des zweiten ›Rasumowsky-Quartetts‹ op. 59 von Beethoven. Er setzte voraus, dass ein bedeutendes Werk eines entwicklungsfähigen Materials bedarf und dass ein Komponist sich nicht einfach einen Einfall, der ihm fehlt, beim ›Volk‹ ausborgen könne, um sich aus einem Dilemma zu helfen.[8] Obwohl sich Schostakowitsch in der 3. Sinfonie kein Material ›ausgeborgt‹, sondern alles selbst erfunden hatte, hätte ihn diese Kritik getroffen, denn das beschwingte Marschieren bedeutete nur es selbst, es gab keinen Hintergrund, keinen Kontext. Die Konzertaufführung des 1. Mai war eine geschickte Simulation, eine Demonstration auf dem akustischen Theater. Freilich greift die Musik einige Male darüber hinaus. Die rezitativischen langsamen Passagen nehmen im Gestus die großen langsamen Sätze der späteren Sinfonien voraus, aber im musikalischen Kontext dieser Sinfonie sind sie Zäsuren von geringerer Bedeutung. Ähnliches gilt für eine kurze Schlagzeug-Passage (Ziffer 37 ff.). Man kann sie als Vorwegnahme der entsprechenden Passagen in den beiden Opern *Die Nase* und *Lady Macbeth von Mzensk* betrachten, aber was sich auf der Bühne zu bestürzender Komik entfaltet, bleibt auch hier nur Episode.

Anders steht es um die 4. Sinfonie op. 43 von 1936.[9] Sie wurde am 13. September 1935 begonnen und im März 1936 beendet. Aber kurz vor der Uraufführung zog Schostakowitsch die Partitur zurück, weil der Dirigent, der deutsche Emigrant Fritz Stiedry, mit ihr auf den Proben nicht zurechtkam, und sicher auch, weil er einen erneuten Eklat befürchtete. Die Partitur verschwand angeblich während des Krieges, und erst am 30. Dezember 1961 fand die Uraufführung nach einer von Kyrill Kondraschin aus den Stimmen rekonstruierten Partitur in Moskau statt. Bis zur Berliner Erstaufführung vergingen noch einmal fast 20 Jahre. Günter Herbig dirigierte sie 1982 in einem Konzert des Berliner Sinfonie-Orchesters; es handelte sich möglicherweise überhaupt um die erste Aufführung in Deutschland. Das Werk erschien auch später nur selten im Konzertsaal, und es ist nach wie vor von Rätseln umgeben. In der Schostakowitsch-Gesamtausgabe

(1982) fehlen genauere Angaben zu den Quellen und selbst zur Rekonstruktion des Werkes. Die Partitur sei unbekannt, und nur Fragmente des ersten und dritten Satzes befänden sich im Staatlichen Zentralarchiv für Literatur und Kunst der UdSSR, heißt es in einer mehr als aphoristischen Vorbemerkung. Merkwürdigerweise ist aber auf einem Vorsatzblatt im Faksimile eine erste Seite aus der Partitur in der Handschrift von Schostakowitsch abgebildet, deren Notentext weder der ersten noch einer anderen gedruckten Seite der Ausgabe entspricht. Es ist ein Stück des im Archiv erhaltenen Fragments, das andeutet, dass die ohnehin einstündige Sinfonie noch eine weitere, bisher unbekannt gebliebene Dimension besitzt. Das jetzt dreisätzige Werk, das mit zwei scherzosen Sätzen beginnt und einem Trauermarsch endet, würde sich dann zu dem üblichen viersätzigen sinfonischen Zyklus vervollständigen.

Diese eine Seite ist im Kontext der anderen Sätze sehr aufschlussreich. Der erste Satz der gedruckten Ausgabe ist ein ›Allegretto poco moderato‹ im Genre eines schnellen Marsches. Das thematische Material erinnert an die 3. Sinfonie, aber es ist hier ganz anders behandelt. Der Marsch wirkt geradezu überhetzt, er kreischt und gellt und passt nicht zu den eingeschobenen lyrischen, kammermusikalisch durchsichtigen Episoden, die er jedes Mal geradezu niederwalzt. Während der Marsch der 3. Sinfonie sich zu einem Hymnus steigert (der Anklänge an die bekannten russischen Hymnen meidet, weil er ganz ›neu‹ sein will), mündet diese groteske Beschleunigung in einen zwölftönigen, clusterartigen Akkord der Blechbläser wie in einen ungeheuerlichen Aufschrei. Dieser Akkord, der sich mehrmals wiederholt, wirkt gleichsam wie ein Menetekel und erinnert an die Hammerschläge in Gustav Mahlers 6. Sinfonie.

So wird aus dem beschwingten Aufbruch eine wilde, gespenstische Phantasmagorie. Das Scherzoso täuscht Lebensheiterkeit und Frohsinn nur noch vor, der Marsch wird inszeniert als Teil eines schrecklichen Dramas. Dazu könnten sich die Einleitungstakte des unbekannten Adagios in Schostakowitschs Handschrift gut fügen. Es ist ein Instrumentalrezitativ, bestehend aus Soli mehrerer Instrumente, das in seiner einer Bassstütze entbehrenden Verlorenheit an die Stimmen abgestorbener Geister erinnert, die klagend umherirren. Die Sinfonie – ein Gang in die Unterwelt? Ob es sich wirklich so verhält, vermag man nicht zu sagen. Aber in der 4. Sinfonie begegnet man erstmals der tragischen sinfonischen Konzeption, die von da an alle Sinfonien Schostakowitschs prägt. Sie erinnert im Aufbau an die Gustav Mahlers; das wird noch offensichtlicher im dritten (vierten?) Satz, der als Trauermarsch beginnt und eine große Zahl von grotesken und exzentrischen Episoden enthält. Die volkstümlichen Intonationen werden nicht mehr naiv verwandt, sondern in der Reflexion mit anderen Ausdrucksgehalten verbunden.

Die 11. Sinfonie, die den Untertitel ›Das Jahr 1905‹ trägt, ist eine Liedersinfonie, weil in allen vier Sätzen Revolutionslieder verwendet werden.[10] Am auffälligsten ist dies im dritten Satz, einem Trauermarsch mit Variationen zu dem bekannten Lied ›Unsterbliche Opfer, ihr sanket dahin‹ aus dem Jahr 1905. Das Finale ist eine stürmische Adaptation der ›Warschawjanka‹ und anderer Lieder, die jedes Glanzgeschmetters der Militärkapellen entbehren und stattdessen hexenhaft in einem wütenden Sturmgebraus daherkommen. Auch die Themen der anderen beiden Sätze sind Zitate von Liedern und Chören, in denen die Geschichte von 1905 erzählt wird. Aber die Plakativität der einzelnen Sätze (›Auf dem Schloßplatz‹, ›Der 9. Januar‹, ›Ewiges Gedenken und Sturmläuten‹) vertuscht, dass es noch einen zweiten, verborgenen Untertext gibt. Darauf verweist die Konstruktion des ersten Satzes. Er beginnt mit eisigen, gleichsam vor Kälte erstarrten Akkorden. In sie hinein ertönt wie aus weiter Ferne ein militärisches Signal, und dann stimmen zwei Flöten eine ausgedehnte traurige Liedweise an, die durch die Instrumente wandert und mehrmals wiederholt wird. Befinden wir uns hier wirklich auf dem Schlossplatz vor dem Winterpalais in Sankt Petersburg, oder an einem ganz anderen Ort in einer anderen Zeit? Denn das Lied, das die beiden Flöten vortragen, soll eine alte, aus der sibirischen Katorga überlieferte Weise sein, und die gehörte im engeren Sinne nicht zu dem musikalischen Material, mit dem der Komponist den hauptstädtischen Schlossplatz schildern musste.

In der 7. Sinfonie, der ›Leningrader‹, findet Schostakowitschs Verfahren, populäre Intonationen umzuwerten, einen besonders deutlichen Ausdruck.[11] Die Basslinie der Passacaglia des ersten Satzes erinnert in ihren letzten sechs Takten deutlich an den ›Weibermarsch‹ aus Lehárs *Lustiger Witwe:* ›Jetzt geh ich ins Maxim‹. Schostakowitsch hat sich nicht dazu geäußert, aber es dürfte sich kaum um eine zufällige Übereinstimmung handeln. Aus dem alles nivellierenden Massenvergnügen entspringt der massenhafte Schrecken der Kriegswalze, und es sind jedes Mal die Siegesgesänge, die die Niederlagen einleiten. Das Spiel mit den musikalischen Assoziationen spricht davon. Dem ›Allegro barbaro‹ der 7. Sinfonie entspricht das Scherzo der zehnten.[12] In diesem Satz werden die raschen Marsch-Intonationen der 3. und 4. Sinfonie wieder aufgenommen und noch weiter ins Hässliche hinein gesteigert. Die anfänglich so harmlose Fröhlichkeit entwickelt sich zu einer gnadenlosen Jagd, und zuletzt ertönen die Trommelwirbel (der Exekutionskommandos) und Gewehrsalven. »Die Fratze Stalins« hat Schostakowitsch selbst später diese Musik genannt, die unmittelbar nach Stalins Tod im Jahr 1953 komponiert wurde.

Man könnte zugespitzt sagen, dass die populäre Musik Schostakowitschs eigentlicher musikalischer Urstoff war. Freilich sind noch alle anderen Komponenten außer Betracht geblieben, die Harmonik, Rhythmik, der rhetorische Duktus und die Klangsprache des Orchesters. Entwickelte Musik ist niemals nur aus einem einzelnen Element entsprungen. Aber die wiedererkennbare volkstümliche Wendung, die von den meisten anderen Komponisten des 20. Jahrhunderts vermieden wurde, gehört zu den auffälligsten Merkmalen von Schostakowitschs Musik. Freilich stand er nicht völlig allein. Es waren vor allem Béla Bartók und Kurt Weill, für die populäre Intonationen eine ähnliche Bedeutung erlangten. Aber sie gehen damit anders um. Bartók lehnte die kommerzialisierte ›moderne‹ Folklore ab und suchte sogar auf wissenschaftlichem Wege zu den eigentlichen Quellen der Volksmusik zurückzugelangen. Er entdeckte dadurch ein reiches archäologisches Material, dessen Archaik sich hervorragend mit moderner Klanglichkeit verbinden ließ. Die alte Balkan-Folklore nahm für ihn und Kodály die gleiche Stelle ein wie für Schönberg, Berg und Webern die Zwölftontechnik. Aber seine Verwendung der archaischen Melodik und Harmonik entbehrte des kritischen Gehaltes; er benutzte es als ein ursprüngliches, aber auch bedeutungsfreies Material. Die Begriffe des Volkstümlichen – aus alter Volksmusikpraxis stammend – und des Populären – durch die Unterhaltungstechnik entstellte Folklore – fielen bei ihm bis zur Unvereinbarkeit auseinander. Das reflektierende Zitat ist selten. Eines findet sich im *Konzert für Orchester*, es ist das gleiche, das auch Schostakowitsch in seiner 7. Sinfonie verwandte, und zweifellos zielte diese Verwendung nicht auf Lehárs Musik selbst, sondern auf die Tatsache, dass *Die Lustige Witwe* als Lieblingsstück Hitlers (neben dem *Ring des Nibelungen*!) diese harmlose Weise mit der faschistischen Aggression assoziierte.

Kurt Weill hingegen suchte bewusst die allgemein verständliche Musiksprache zu sprechen. Sein Populismus war eine Abkehr nicht von der kommerzialisierten U-Musik, sondern vom Avantgardismus, und als genialem Melodiker stand ihm hier jede Möglichkeit offen; er sprach jedes Idiom wie seine Muttersprache. Als er in Berlin mit Bertolt Brecht und Georg Kaiser zusammenarbeitete, entwickelte er einen parodistischen Songstil, der vom ausgestellten Gegensatz zwischen Wort und Musik lebte. Brecht nannte diese Musizierweise später ›gestisch‹, weil sie ihm geeignet erschien, die Widersprüchlichkeit individueller und gesellschaftlicher Verhaltensweisen aufzudecken. Im Exil ließ Kurt Weill die ironische Maske fallen; er wollte einen direkten Zugang zu den Herzen der Menschen. Das ergreifendste

›Der brennende Busch‹, Szene aus dem Bibelspiel *Der Weg der Verheißung* (1935) von Franz Werfel und Kurt Weill. Szenenfoto mit Matteo di Monti als Mose in der deutschen Erstaufführung 1999 in Chemnitz

Zeugnis dieses Bestrebens ist das noch in Europa entstandene, aber erst 1937 in New York aufgeführte Bibelstück *Der Weg der Verheißung* nach einem Text von Franz Werfel.[13] Das sollte eine Art Nationaloper des jüdischen Volkes werden, und folgerichtig fasste er darin alles zusammen, was es einerseits an europäischer, vorzüglich deutscher, Synagogalmusik gab und was andererseits in der Musikgeschichte seit Bach und Händel bis zu Schubert, Mendelssohn und Mahler an volkstümlich gewordener klassischer Musik existierte. Er vermochte alles dem eigenen Stil anzuverwandeln, so dass aus dem Konglomerat der Ausgangspunkte trotz alledem ein einheitlicher, pathetisch-volkstümlicher Stil entstand. Er ist hier sozusagen der deutsche Theodorakis. Interessanterweise fehlte aber die musikalische Zeichnung der negativen Helden seines Stücks. Der Faschismus, der direkt nicht vorkommt, aber als Bedrohung anwesend ist, hat keine Musik. Das nimmt der Partitur einen großen Teil des dramatischen Atems. Weills positive Auffassung des Populären stand im äußersten Gegensatz zu Schostakowitschs Verwendung des gleichen Materials. Sie war extrem ungeschichtlich und auch extrem unkritisch. Es handelte sich um manchmal geniale lyrische Momentaufnahmen, und in der Tat gibt es keinen anderen deutschen Komponisten des 20. Jahrhunderts, dem es gelungen wäre, auch nur annähernd so viele Weltschlager zu schreiben wie er. In der Geschichte der Sinfonik wird sein Name trotz der zwei Sinfonien jedoch kaum verzeichnet werden.

Vielleicht wurde Schostakowitsch auch deshalb zum Sinfoniker, weil er sah, dass ihm der Weg zum Theater nach 1936 verschlossen war und dass der zermürbende Kampf um Aufführungen, der endlose Streit um textliche und andere Änderungen, die Eigensinnigkeiten der Theaterproduzenten und der Sänger seine Musik auf Dauer nicht zu sich selbst kommen lassen würde. Aber seine Sinfonien sind wortlose Dramen der Zeitgeschichte. In dieser Hinsicht erinnert er an Händel, der biblische Oratorien schrieb, als ihm das Theater genommen wurde, und in ihnen eine größere Dramatik entfaltete als in den Opern selbst. Vielleicht war für Schostakowitsch die Sinfonie ein Theater-Ersatz, eine andere Bühne. Daher blieb ihm das strukturelle Denken der Serialisten fremd, aber das Populäre vermochte auf seinem Theater eine Rolle zu spielen. Schostakowitsch verwandelte das populäre Element in ein Signum des geschichtlichen Prozesses, und so mutierte es auch zu einer ›musica negativa‹. Volkslied, Volksmusik werden ihrer naiven Bedeutung entkleidet und entfremdet. Es ist nicht das tanzende und singende Volk, wie in Tschaikowskys 4. Sinfonie oder den Mädchenchören des *Eugen Onegin*, dessen Eintreffen diese Töne signalisieren. Im Vorweisen der zerstörten und zertrümmerten Folklore steckt nicht zuletzt das kritische Potential dieser Musik. Bei Schostakowitsch kommen die Häscher und Henker, die Wächter und Schlächter im Volksmusikgewand. Der unsichtbare Dirigent und das weinende Fräulein sind die Figuren seines sinfonischen Theaters, die im Irrenhaus oder der Ljubjanka landenden Lastautos mit Verhafteten, die Verbannten, die Erschießungskommandos, die Soldaten des Krieges, die russischen Frauen und die erschossenen Juden von Babi Jar. Er sieht sie alle ohne Sentimentalität. Die Gejagten und die Jäger, die Erschossenen und die Schießenden – sie stammen aus dem gleichen Volk. Es ist janusköpfig, und so ist es das Volkstümliche auch. Beginnend mit der 4., hat jede seiner folgenden Sinfonien bis zur 15. eine romanhafte oder theatralische Programmatik, eine gleichsam shakespearische Dimension. Die Anwesenheit des Populären garantiert die Geschichtlichkeit des Kunstwerks, und Musik wird, um einen bekannten Buchtitel von Georg Knepler zu paraphrasieren, ein Weg zum Geschichtsverständnis.

Anmerkungen

1 David King, Stalins Retuschen, Hamburg 1997, vgl. S. 28

2 a.a.O., S. 126 ff.

3 Michail Bulgakow, Der Meister und Margarita, Berlin 1968, S. 200ff.

4 Zit. nach Krzysztof Meyer, Dmitri Schostakowitsch, Leipzig 1980, S. 91 ff.

5 Dmitri Schostakowitsch, Erfahrungen, Leipzig 1983, S. 166ff.

6 Bertolt Brecht, Schriften zur Literatur und Kunst, Bd. I, Berlin 1966, S. 265

7 Dmitri Schostakowitsch, Sobranije sotschinenij tom II, Sinfonija Nr. 3 ›Perwomajskaja‹ c zakljucitel'nym chorom, slova S. Kirsanova, soc. 20 (1929), S. 3ff.

8 Arnold Schönberg, Stil und Gedanke, Aufsätze zur Musik, hg. von Ivan Vojtech, Frankfurt/Main 1976, S. 137ff.

9 Dmitri Schostakowitsch, Sobranije sotschinenij tom II, Sinfonija Nr. 4 soc. 43 (1936), S. 149ff.

10 Dmitri Schostakowitsch, Sinfonija Nr. 11 ›1905 god‹, Moskau 1960

11 Dmitri Schostakowitsch, Sinfonie Nr. 7, Leipzig 1971, 1. Satz, Ziffer 19ff.

12 Dmitri Schostakowitsch, Sinfonie Nr. 10, Moskau 1960, 2. Satz, S. 66 ff.

13 Kurt Weill, Weg der Verheißung, Text Franz Werfel. Vgl. Programmheft der deutschen Erstaufführung, Theater Chemnitz 2000

»Eine vielperspektivische musikalische Wirklichkeit«

Musik als Collage bei Bernd Alois Zimmermann

Jörn Peter Hiekel

Anregungen

Die Musik des 20. Jahrhunderts hat sich in bemerkenswert enger und oft auch substantieller Weise immer wieder an bildhaften Darstellungsweisen ihrer künstlerischen Nachbarbereiche orientiert. Sie hat damit Wege gefunden, aus jener Isolation wieder herauszufinden, die sie – bewusst oder unbewusst – in weiten Teilen der klassischen Konzertmusik eingegangen war. Unzweifelhaft resultierte daraus ein großes Maß an Offenheit mit vielfältigen neuen Perspektiven. Dies ist nicht zuletzt an verschiedenen Musikwerken ablesbar, die mit den Prinzipien Collage und Montage arbeiten. Mit diesen Prinzipien sind zwei gerade nach 1945 bedeutsame Gestaltungsmodi bezeichnet, die sich oft überschneiden, aber auch voneinander abzugrenzen sind: Während das Prinzip der Collage, das von der bildenden Kunst übernommen wurde, als eine Verbindung heterogener Text- oder Klangmaterialien beschrieben werden kann, meint Montage zunächst einfach die technische Operation des Zusammensetzens von Material – eine Vorgehensweise, die in weiten Teilen etwa der elektronischen Musik selbstverständlich ist.

Im Kontext der bildenden Kunst des 20. Jahrhunderts und auch des Films sind gerade diese Prinzipien von besonderer Wichtigkeit. So unterschiedliche Künstler wie Marcel Duchamp, Max Ernst, Pablo Picasso und Kurt Schwitters – und diese Liste ließe sich erheblich fortsetzen – arbeiteten mit dem Prinzip der Collage, um bekanntes Material ungewöhnlich zu staffeln oder womöglich zu überlagern, um es zu verrätseln oder provozierend zu destruieren, um neuen Evidenzen auf die Spur zu kommen oder um in überraschenden Konstellationen die tatsächliche Vereinbarkeit des scheinbar Unvereinbaren (z. B. triviale Alltagselemente mit erhabenen Kunstmomenten) zu zeigen. Intentionen wie diese, von denen nicht selten mehrere gleichzeitig zur Geltung kommen, lassen ein insgesamt sehr breites Spektrum von unterschiedlichen Darstellungsmöglichkeiten zu. Dabei fallen immer wieder gravierende Unterschiede ins Auge: Auf der einen Seite stehen Resultate einer minutiös ausgedachten ›ars combinatoria‹, also von beziehungsstiftenden Prozeduren einer bewussten Auswahl und Lenkung, auf der anderen stehen (scheinbar oder tatsächlich) beiläufige, flüchtige oder sogar zufallsbestimmte Setzungen – wenngleich auch hier die Grenzziehungen oft schwer und manchmal sogar unsinnig sind.

Pablo Picasso, *Notenblatt und Gitarre*, 1912, Musée d'Art Moderne, Centre Georges Pompidou, Paris, Nachlass Georges Salles

Montagen kannte man zunächst vor allem vom Film und aus der Literatur. Es ist bekannt, dass ihre manchmal hochvirtuose Handhabung schon im frühen 20. Jahrhundert – etwa bei Sergej Eisenstein – nicht zuletzt der Auflösung oder Erweiterung linearen Erzählens dient und ganz ungewöhnliche, zum Teil bis ins Schockhafte reichende Wirkungen hervorbringen kann. Doch auch bei Collagen ist, anders als es ein beliebtes Vorurteil besagt, durchaus nicht von vornherein ausgemacht, dass eine komische Note über den gewohnten ›heiligen‹ Ernst der Kunst dominiert. Namentlich die als ›Papiers collés‹ bezeichneten Collagen aus Picassos kubistischer Phase um 1912 sind frühe Gegenbeispiele – wie ja überhaupt die Herkunft des Begriffs ›Collage‹ (von französisch ›coller‹: an- bzw. aufkleben) zunächst nicht mehr besagt als die zitierende Verwendung vorgefertigten Materials; die Technik des Klebens immerhin impliziert, dass eine vergleichsweise einfache, unakademische und unprätentiöse Verfahrensweise zur Anwendung kommt. Andererseits gibt es tatsächlich etliche Ausprägungen von spielerischen Haltungen, denen ein subversives Potential eigen ist, das sich vor allem auf pointiert ironische oder heitere Weise manifestiert. Dies gilt namentlich im Kontext von Dadaismus und Surrealismus, wo das Collageverfahren besonders beliebt wurde. Fragt man danach, wogegen sich dieses Subversive eigentlich richtet, wird man vor allem jede Form des akademisch-regelgerechten Denkens oder Darstellens nennen können. (Dass auch das Subversive und Provozierende selbst in Akademismus münden kann, steht freilich auf einem anderen Blatt.)

Wichtig ist in diesem Zusammenhang die Einsicht, dass im Prinzip der collagierenden oder montierenden Arbeit mit vorgefundenem Material im Allgemeinen keineswegs eine Rückkehr zum Vertrauten intendiert ist, sondern eher deren Gegenteil: Es wird, zumindest in den gelungenen Arbeiten, ein kreativer Möglichkeitsraum erkennbar, dessen Innovatives und oft Verstörendes (beide Dimensionen sind ja, über vielerlei ästhetische Wandlungen hinweg, bis heute Grundintentionen authentischer Kunst geblieben) durchaus mit dem Avantgardebegriff zu fassen ist. Der Kunsthistoriker Werner Spies hat dies in seinem grundlegenden Buch über die Collagen von Max Ernst so formuliert, dass »neben der, man möchte sagen, prinzipiell auf Neuerung zielenden Avantgarde« eine zweite Form von Avantgarde anerkannt werden müsse, »die durch den Rückgriff auf historisch bereits verfügbare Formen und Inhalte« gekennzeichnet sei.[1]

Es kann heute kaum ein Zweifel bestehen, dass die hier konstatierte Erweiterung des gängigen Avantgardebegriffs auch für die Musik des 20. Jahrhunderts Relevanz besitzt.[2] Bei allen teilweise polemisch geführten Diskussionen um das, was in der Musik als ›fortschrittlich‹ und im emphatischen Sinne neu gelten könne, geriet dies

Pablo Picasso, *Gitarre und Notenblatt*, 1912, Privatsammlung

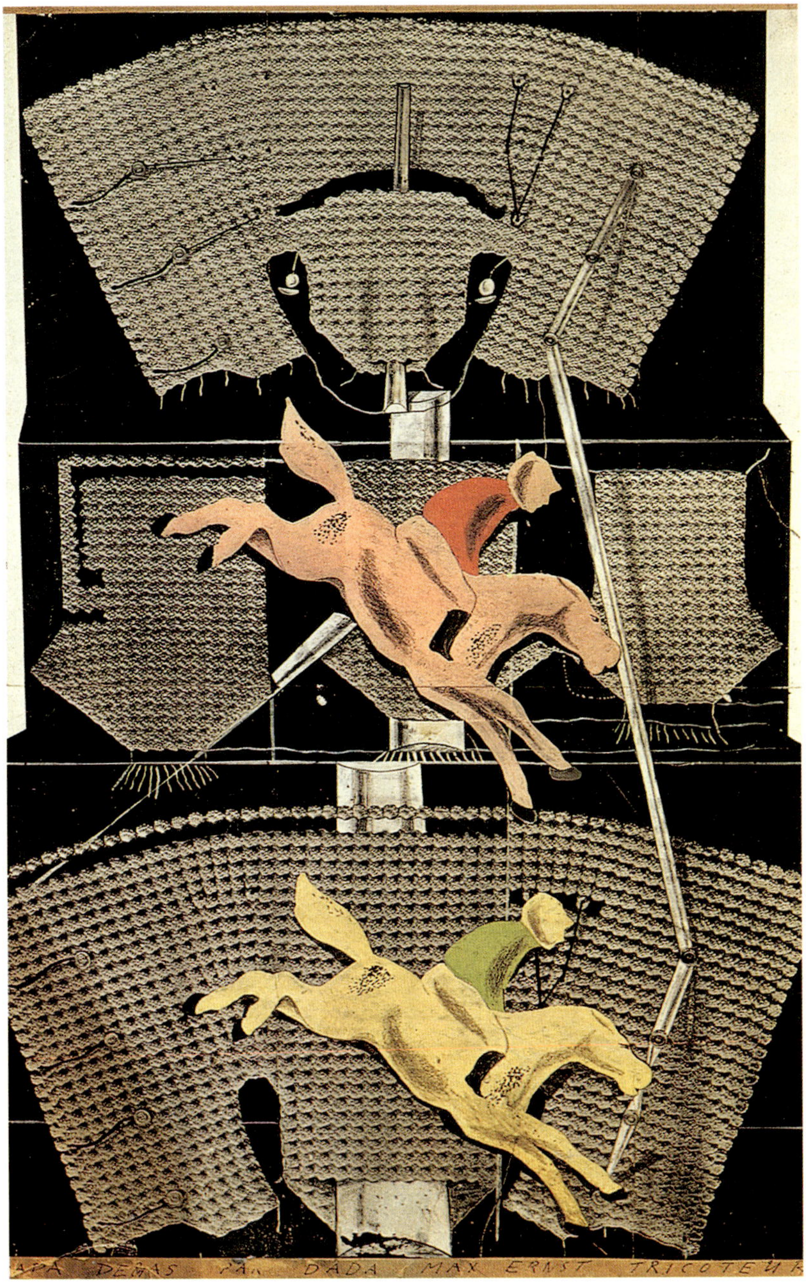

Max Ernst,
Dada-Degas,
um 1920/21

allerdings zeitweise in Vergessenheit oder zumindest in den Hintergrund. Musik, die sich – in durchaus elitärer, sich selbst bewusst einkapselnder Weise – um fast nichts anderes als das eigene, von jedweden Wirklichkeitsbezügen freie Klangmaterial und dessen möglichst stimmige Auffächerung kümmert, die ausschließlich in diesem Feld das Neuartige, noch nie Dagewesene sucht, ist *eine* Möglichkeit der

Suche nach ungewohnten Lösungen. Aber eben nur eine. Es wäre unsinnig, ihr die historische Berechtigung noch auch pauschal alle ästhetische Sinnfälligkeit abzusprechen, auch wenn dies recht oft geschieht und namentlich die serielle Musik der fünfziger Jahre schon seit längerer Zeit eine Art Lieblingsfeind vieler Komponisten und Musikwissenschaftler ist. Aber solche Musik nahm, zumindest in ihrer radikalsten Phase, einen aus heutiger Sicht eher unverständlichen Verzicht auf einen weiten Raum von Gestaltungs- und Assoziationsmöglichkeiten in Kauf. Tabuisiert wurden nicht nur fast sämtliche historischen Perspektiven, alle vor dem Hintergrund eines aufbruchswilligen Zeitgeistes vermeintlich als ›Regression‹ auslegbaren Rückbezüge zu früherer Musik, sondern auch die Anbindungen an die Welt, in der wir leben – ob man diese Anbindungen nun explizit politisch konnotiert oder etwas allgemeiner als Netz von Möglichkeiten einer erhellenden Reflexion bestimmter lebensweltlicher Details.

Zimmermanns ›Pluralismus‹

Es gab in Europa etliche Komponisten, die solche offenkundigen Einseitigkeiten früh wahrgenommen und bewusst auf sie reagiert haben, indem sie das Spektrum des integrierten Materials erheblich weiteten. Unter ihnen ist der 1918 in Bliesheim bei Köln geborene Komponist Bernd Alois Zimmermann, der die meiste Zeit seines Lebens in Köln verbrachte und 1970 freiwillig aus dem Leben ging, einer der wichtigsten. Wie kaum ein anderer ist sein Name mit den Prinzipien von musikalischer Collage und Montage verbunden. Und tatsächlich waren gerade diese Prinzipien für ihn entscheidende Hilfsmittel, den Gegenstandsbereich dessen, worauf Kunstmusik bezogen werden kann, erheblich zu weiten – womit eine wesentliche Perspektive von Zimmermanns Komponieren bereits benannt ist.

Bernd Alois Zimmermann gehört bezeichnenderweise zu jenen Komponisten, deren Denkhorizont weit über das im engeren Sinne Musikalische hinausreichte. Er selbst äußerte, dass seine »Collage- und Montagetechnik […] der Entwicklung der modernen Dichtung (Joyce und Pound) und der modernen Malerei (vor allem der Surrealisten) stärkere Impulse als der zeitgenössischen Musik verdankt« habe.[3] Selbst wenn diese Darstellung einer der Öffentlichkeit zugewandten autobiographischen Skizze entstammt, der durchaus ein Stück Selbststilisierung eigen sein könnte, ist nicht anzuzweifeln, dass beide angesprochenen Bereiche, Literatur und bildende Kunst – und in gewissem Maße wohl auch der Filmbereich –, die entscheidenden Prozeduren von Zimmermanns Komponieren prägen halfen. Zimmermann war in dieser Orientierung an künstlerischen Nach-

Bernd Alois Zimmermann, um 1954

barbereichen unter den Komponisten des 20. Jahrhunderts beileibe nicht der einzige, aber einer der originellsten und produktivsten.

Komponieren hieß in einigen Werken Zimmermanns, eine ›Welt‹ aufzubauen. Er stand damit offenkundig in der Nachfolge von Gustav Mahler, eines Komponisten, der ja in seinen Symphonien gerade die jahrhundertealte Tradition der Geschlossenheit bewusst aufs Spiel setzte, indem er in einer Art Vorgriff auf das Collage-Prinzip fremde, teilweise triviale Elemente integrierte. In diesem Zusammenhang ist auch der Amerikaner Charles Ives zu nennen, der in vielen seiner Werke dadurch die Einheit von Leben und Kunst vergegenwärtigte, dass er heterogene Klangmaterialien, unter ihnen Alltagserfahrungen wie Glockengeläut und Militärmärsche, collageartig hineinmontierte.

Mit der universalistischen Grundhaltung des Welt-Aufbauens hängt nun – ähnlich wie bei Mahler – auch im Falle Zimmermann nicht nur der stark bekenntnishafte Tonfall vieler Werke zusammen, sondern zugleich die Tendenz, Elemente aus unterschiedlichen zeitlich-räumlichen Kontexten miteinander zu verklammern. Bei Zimmermann sind dies sowohl musikalische Zitate als auch literarische, philosophische und sogar politische Texte. Damit ist ein entscheidender Teil jener Verfahrensweisen bezeichnet, für die Zimmermann selbst, als er nach einer griffigen Erklärung für seine Prozeduren suchte, immer wieder den Begriff ›musikalischer Pluralismus‹ verwendet hat. Dieser Begriff schließt viele Perspektiven ein: zunächst die Option, mehrdimensional zu komponieren und lebensweltliche Perspektiven einzubeziehen, sodann die Möglichkeit, die Erfahrung verschiedener Zeiten in Bezug zu setzen, außerdem aber auch zum Beispiel den kreativen, also nicht bloß nostalgisch rückgewandten Umgang mit alten Formen und Darstellungsweisen.

In diesem Zusammenhang fällt auf, dass Zimmermann dazu neigte, in seinen Werken selbst mehr und mehr das Problem von Geschlossenheit als solches zu thematisieren. Auch darin zählen Mahler und Ives zu seinen Ahnherrn – aber gerade in dieser Hinsicht ging er über sie weit hinaus. Es wäre durchaus ein ›musikalischer Pluralismus‹ denkbar, der unterschiedliche Dimensionen mit einer gleichsam materialversöhnenden Geste zu einem homogenen Ganzen zusammenbindet. Doch zum ›Phänomen Zimmermann‹ und seiner bis heute gültigen Faszinationskraft gehört die Neigung zum Widersprüchlichen: Seinen Werken schien es, in dialektischer Umkehr, gerade auch darum zu gehen, das Nicht-Homogenisierbare des verwendeten Materials zu unterstreichen. Darin unterschied sich Zimmermann gravierend etwa von Karlheinz Stockhausen, der in seinen seit Mitte der sechziger Jahre entstandenen Werken zwar immer wieder heterogene Materialien montierte, aber darauf achtete, diese Elemente in einem homogenen Gesamtgefüge zu harmonisieren. Zimmermann indessen akzentuierte oft auch die Reibungsflächen zwischen den Elementen. Darin ist er Mauricio Kagel verwandt, dem er (anders als man dies für sein Verhältnis zu Stockhausen sagen könnte) nicht zufällig mit großem gegenseitigen Respekt verbunden war.

Bezeichnenderweise wurde Zimmermann schon in seinen verbalen Einlassungen zu diesem Themenbereich nicht müde, immer wieder das Disparate der ihn umgebenden modernen Welt zu unterstreichen. Noch wichtiger indessen ist, dass einige seiner Werke diese Disparatheit auszutragen und zu reflektieren scheinen. Und gerade dabei sind vor allem jene Kompositionen zu nennen, die partiell oder ganz als musikalische Collage angelegt wurden – die wichtigsten sind *Antiphonen*, *Dialoge*, *Monologe*, *Musique pour les soupers du Roi Ubu*, *Photoptosis*, *Présence* sowie die beiden groß dimensionierten Hauptwerke des Komponisten: das *Requiem für einen jungen Dichter* und die Oper *Die Soldaten*.

Der Clou vieler bildhafter Collage-Darstellungen besteht darin, dass im Betrachter die Kenntnis des Ausgangsmaterials mitschwingt, also sozusagen dessen Eigendynamik vernehmbar ist. Dies gilt ganz besonders für jene Elemente, die dem Kontext der klassischen Kunst entstammen. Aber es gilt zugleich auch für solche, die einen prononcierten und gelegentlich provozierenden Alltagsbezug mit sich führen. Im Schaffen von Marcel Duchamp zum Beispiel, das diese Alltagsbezüge besonders stark pointierte, wäre einerseits die übermalte Postkarte der *Mona Lisa*, andererseits der kaum minder berühmte *Flaschentrockner* zu nennen. Beides sind unterschiedliche Ausprägungen von Wirklichkeitsreflexionen – wobei als ›Wirklichkeit‹ einmal die reale oder imaginäre Präsenz des aus vergangenen Jahrhunderten Überlieferten und andererseits etwas nicht primär mit dem Kunstbereich Verbundenes gelten kann, das in diesem Fall zur Banalität des Alltags tendiert. Duchamps polemisch gegen den Kunstbetrieb gerichtete Arbeiten, von ihm selbst als ›Anti-Kunst‹ bezeichnet, haben in ihrer Neudefinition von Sinnzusammenhängen auch auf Komponisten gewirkt. Hier wären u.a. John Cage und Nicolaus A. Huber zu nennen – bei Letzterem bezeichnenderweise gerade die irritierend in manche Werke hineinmontierten Alltagsbezüge.

Bernd Alois Zimmermann, so steht zu vermuten, dürfte Duchamps Ansatz zu beliebig, zu wenig von einer ›ordnenden Hand‹

Marcel Duchamp, *Flaschentrockner*, um 1936

<u>*Comp.IVc*, Beginn (22'18"–22'30")</u>

a	**Geliebte**	du			**du mir** wie		**nicht hierher.**
1							
b		bist	**dir!**	hinten		von: a-----	**Das gehört**
a	**O du**	von			**Wir!**		n------- **beiläufig**
2							
b	**meiner**		**ich liebe**	von	**ich dir**		
a	Herrlichste	**siebenundzwanzig**		**du deiner**			a----------
3							'
b		allen	**Sinne**		**dich dir,**	vorne: n-------	

<u>*Comp.IV*, Beginn (21'22'- 21'34")</u>

a	**Geliebte**	du			**du mir** wie		**nicht hierher**
1							
b		bist	**dir!**	hinten		von: a-----	**Das gehört**
a							**O du** von
2							
b							**meiner**
a				Herrlichste	**siebenundzwanzig**		**du deiner**
3							
b					allen	**Sinne**	**dich dir,** vorne:

Vereinfachte Darstellung der Sprechverläufe vom Beginn der Schwitters-Montage in *Requiem für einen jungen Dichter* von Bernd Alois Zimmermann. Der Text des hohen Sprechers ist fett gedruckt

geprägt und womöglich auch zu trivial erschienen sein. Unter den eingangs erwähnten Künstlern, die Collagen schufen, haben offenbar vor allem Max Ernst und Kurt Schwitters anregend auf Zimmermann gewirkt. Im Nachlass des Komponisten finden sich wichtige Bücher über diese beiden Künstler. Und nachweislich hat Zimmermann verschiedene Gelegenheiten genutzt, Ausstellungen der beiden zu besuchen.

Das Faszinierende an Schwitters dürfte für Zimmermann damit verbunden gewesen sein, dass dieser Künstler in seinem Gesamtschaffen gerade die Verbindbarkeit der verschiedenen Kunstbereiche unter Beweis stellte: Er war Maler bzw. Collagen-Künstler und zugleich Dichter, die Bezeichnung als ›Merz‹-Künstler schloss bekanntlich beides ein. Aber namentlich mit seiner berühmten *Sonate in Urlauten* – die offenbar anregend u.a. für György Ligeti war – war Kurt Schwitters im Grunde auch Komponist. Alle drei Bereiche konvergieren konzeptionell darin, dass Schwitters in seinen Kunstäußerungen die Unterschiede zwischen ›hoher‹ und ›niedriger‹ Kultur versöhnte: Das Banale als hervortretende Dimension einiger Grundelemente innerhalb seiner Bilder, Texte und auch seiner ›Sonate‹ wird im Hegelschen Sinne aufgehoben in einer subtil gesetzten Poetisierung. Diese verhindert freilich nicht, dass in den trivialen Momenten vieler seiner Werke immer wieder auch eine verstörende, provozierende Dimension wahrgenommen wurde.

Auch für Zimmermann dürfte diese ambivalente Sichtweise gelten. Er hat in sein 1969 uraufgeführtes *Requiem für einen jungen Dichter* eine hochkomplexe Schwitters-Montage integriert, bei der die eigentümliche Verknüpfung von tiefer Emphase, parodistischer Leichtigkeit und rätselhafter Verzerrung, die dieser Gedichtmontage schon im Original eigen ist, noch erheblich zugespitzt wird.[4] Doch über diesen konkreten Materialbezug hinaus ist vor allem eine poetologische Dimension von Zimmermanns Komponieren ins Feld zu führen. Alle eben genannten Werke des Komponisten sind den Konzepten von Schwitters und Max Ernst besonders darin verwandt, dass immer wieder bewusst gerade das zusammengefügt wird, was unterschiedlichen Sphären entstammt.

Zur ›Ubu‹-Musik

Diese Akzentuierung des Disparaten kulminiert in der von Zimmermann ›ballet noir‹ genannten Orchesterkomposition *Musique pour les soupers du Roi Ubu*, einem Werk, das in eigentümlicher Weise gleichzeitig ernst und heiter ist. Es verleiht dem Aspekt der musikalischen Collage damit eine ganz besondere Ausprägung, die in der bildenden Kunst womöglich leichter zu realisieren ist als in der Musik. Der Komponist selbst schien sich der heiteren Seite des Werkes sicher genug, um in der schon zitierten autobiographischen Skizze, Bezug nehmend auf den ›Merz‹-Begriff in den Collagen von Kurt Schwitters, vor allem die ernste Seite dieses Werkes zu unterstreichen: »In dem ballet noir *Musique pour les soupers du Roi Ubu* entwirft Zimmermann durch eine gewissermaßen totale Collage in der harten Gegenüberstellung von Tänzen des 16. und 17. Jahrhunderts und Zitaten aus Werken zeitgenössischer Komponisten ein geradezu apokalyptisches MERZ-Bild unserer politischen und kulturellen Gegenwart im Gewande einer scheinbaren Farce.«[5]

Was Zimmermann hier selbst andeutet und seine Kunst der Collage in diesem Werk, im *Requiem für einen jungen Dichter* und punktuell auch in der Oper *Die Soldaten* in ganz spezifischer Weise auszeichnet, ist deren starke politische Akzentuierung. Statt der Abschottung der seriellen Musik gegenüber der Wirklichkeit, die Zimmermann selbst sogar punktuell mitgemacht hatte, gibt es nun eine ausdrückliche Bezugnahme auf Zeitgeschichtliches. Dies ist umso bemerkenswerter deshalb, weil Zimmermann auch weiterhin durchweg Partituren schrieb, die mit einer stark ausgeprägten konstruktiven Seite aufwarten und dabei Gestaltungen erkennen lassen, in denen die Idee der seriellen Musik fortgeschrieben wird.

Im Ubu-Stück, das seinen Ausgang bei drei Theaterstücken von Alfred Jarry nimmt, rechnet Zimmermann mit ergänzenden Inszenierungsmomenten. Gedacht ist an Kommentare, die die sieben Tableaus, die das Stück zeichnet, konkretisieren. Die Partitur hat diese Möglichkeit ausdrücklich vermerkt. Der Komponist sprach in diesem Zusammenhang von der Vorstellung, zwischen den einzelnen Sätzen »Epigramme über die jeweilige politische oder kulturelle Situation des betreffenden Ortes oder Landes« einzuschieben. Erst mit diesen Elementen ist es wirklich zu verstehen, wenn Zimmermann mit Nachdruck darauf hinweist, die grotesk-heitere Außenseite dieses Werkes verberge ein »warnendes Sinngedicht, makaber und komisch zugleich«.[6]

Das Werk besteht fast ausschließlich aus musikalischen Zitaten. Es nimmt darin eine Sonderstellung in Zimmermanns Schaffen ein und ist in dieser radikalen Collage-Form wohl am ehesten mit Mauricio Kagels Beethoven-Film *Ludwig van* (1970) und John Cages Oper *Europeras 1 & 2* (1985–1987) zu vergleichen, auch dies bezeichnenderweise Arbeiten nicht ohne ironischen Zungenschlag. Das Sprechen durch die Maske anderer, das schon bei Jarry selbst wiederzufinden ist, erfährt hier jeweils eine besonders konsequente Ausprägung. Typisch für Zimmermann ist, dass es, weit stärker als im eher zufallsbestimmten Cage-Werk, sowohl plastisch hervortretende Sinnmomente als auch schwer enträtselbare Anspielungen gibt. In der minutiös ausgefeilten ›ars combinatoria‹, einer Fundgrube für Sinn-Analysen, steht sein Komponieren freilich mehr der Ästhetik Max Ernsts als der von Kurt Schwitters nahe. Durch eine mit bewussten Irreführungen arbeitende Technik der ›Überklebung‹ prallen in der *Musique…* musikalische Elemente unterschiedlichster Herkunft scharf aufeinander. Teilweise werden sie mit der populistischen Attitüde des ›Erkennen Sie die Melodie?‹ präsentiert. Dabei wird eine besondere Vorliebe für banal-verfremdende und ironische Konstellationen kenntlich. Viele der hier zitierten Tänze des 16. und 17. Jahrhunderts werden so gesetzt, dass sie an höfische Zeremonien erinnern – die dann freilich durch schrille, groteske Tönungen musikalisch attackiert werden. Bei den in Zimmermanns Kommentar erwähnten Zitaten zeitgenössischer Musik handelt es sich um Anspielungen auf Mitglieder der Berliner Akademie der Künste. Das hat damit zu tun, dass das Stück zur Aufnahme Zimmermanns in diese Akademie entstanden ist. Diese wird also implizit gleichgesetzt mit jener imaginären Akademie, welche König Ubu zum festlichen Bankett lädt, um sie dann aber grausam durch die Falltür herauszu-

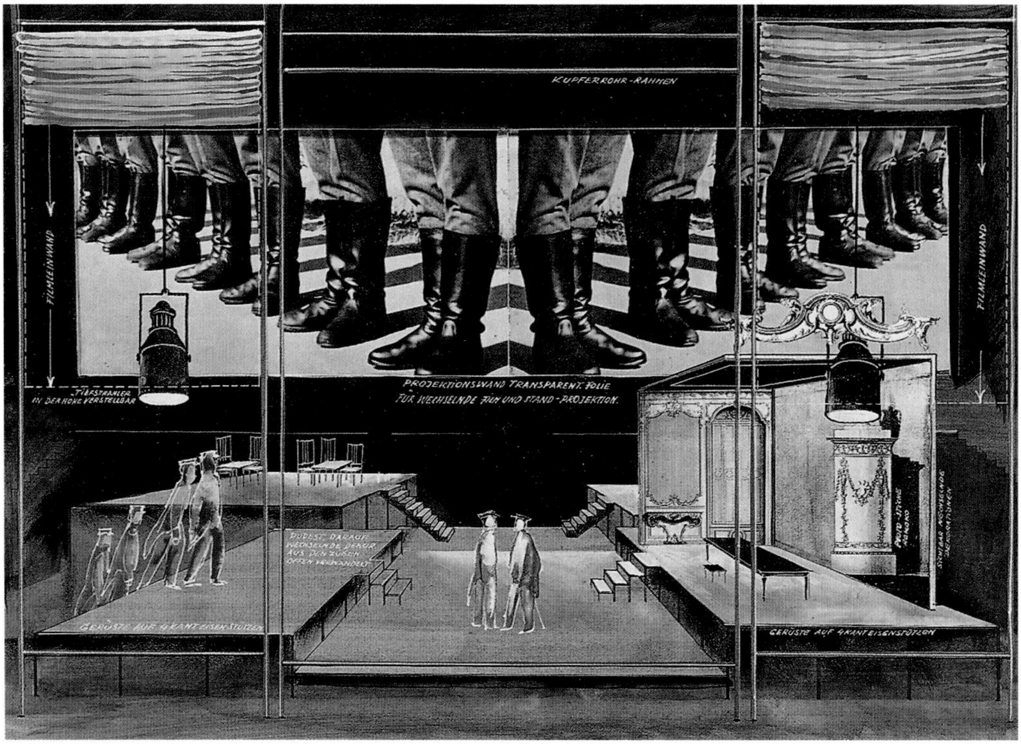

Bernd Alois Zimmermann, *Die Soldaten*, Bühnenbild der Kölner Uraufführung von Max Bignens, 1965

befördern. Schon angesichts dieser indirekten, aber deutlichen Parallelbildung ist ablesbar, dass sich das Werk nicht auf die Konzeption eines bunten Schabernacks beschränkt: Zimmermanns parodistisch mit Musikzitaten jonglierende Travestie ist aufgeladen mit bissigen Pointierungen und wohl auch insgesamt als Parabel über die Vereinnahmbarkeit von Kunst zu verstehen.

Bei alledem ist das Werk auch eine schillernde Hymne auf das Inkongruente und treibt ein groteskes Spiel mit der Idee der Homogenisierbarkeit des musikalischen Materials. Es ist also insofern als ironischer Kommentar auf die serielle Musik lesbar. Diese implizite Polemik wird ergänzt durch eine explizite: Am Schluss des Werkes wird Wagners ›Walkürenritt‹ aus dem *Ring des Nibelungen* kombiniert mit einem schier endlos angeschlagenen Stockhausen-Akkord. Eine der Intentionen dieser Setzung dürfte darin liegen, die Penetranz und Banalität des Letzteren zu vergegenwärtigen – und damit auch das Homogenitätsideal der seriellen Musik aus den Angeln zu heben.

Aufbrüche

Das bewusst Anachronistische, Verquere von Zimmermanns kompositorischen Setzungen zielt auf zugleich paradoxal-verstörende und erhellende Bezüge. Die Collage-Momente seiner Kompositionen sind dadurch gekennzeichnet, dass sie auf absichtsvoll inkongruente Weise Traum- und Wirklichkeitselemente miteinander vermischen. Daraus spricht die Einsicht, dass vielleicht einzig auf dem Wege der Montage und der Zitation von Fremdmaterial eine Möglichkeit besteht, die Welt in ihrer Vielschichtigkeit adäquat zu erfassen und kritisch zu reflektieren. Das, was Zimmermann selbst als ›Pluralismus‹ bezeichnete, war offenkundig der Versuch, die immer komplexer werdende Lebenswirklichkeit durch eine vielperspektivische ›musikalische Wirklichkeit‹ zu reflektieren – um einen Begriff zu gebrauchen, den Zimmermann selbst häufig verwendet hat.

Wohl nicht zufällig hat Zimmermann den mit literarischen Collagen operierenden Dichter James Joyce verehrt, er bezeichnete ihn häufiger als einen seiner ›Ahnherrn‹. In den *Antiphonen* und besonders im *Requiem für einen jungen Dichter* hat Zimmermann Texte von Joyce montageartig hineingeflochten. Doch wichtiger als die Zitate sind, ähnlich wie schon im Falle der Schwitters-Bezüge, die poetologischen Bezüge zu den Romanen von Joyce. Sie sind ungemein vielfältig und faszinierend. Dabei geht es im Wesentlichen um Strategien, ein vielperspektivisches Ganzes zu erzeugen, das sich von linearer Darstellung entfernt und der Komplexität der Wirklichkeit mit allen ihren – ›hohen‹ oder ›niedrigen‹ – Sphären gerecht wird.

Namentlich die Elemente aus Joyce' berühmtem Roman *Ulysses* übernehmen bei Zimmermann die Funktion, den Textkonstellationen eine existentielle Dimension zu verleihen. Diese erinnern jeweils an die flüchtigen Traumwelten der surrealistischen ›écriture automatique‹, aber lassen doch auch wesentliche inhaltliche Konturen erkennen. Zimmermanns musikalische Transformierung des Surrealismus vollführt hier wie auch sonst gelegentlich eine Gratwanderung zwischen der Faszination am spielerisch Alogischen und dem nicht selten emphatischen oder energischen Willen, Aussagen über die ›Welt‹ zu machen. Ein bestimmtes Maß an Ungebundenheit und Leichtigkeit durften die von ihm entworfenen ›Traumwelten‹ daher meist nicht überschreiten.

In den *Antiphonen* besteht die für den Hörer überraschende Besonderheit darin, dass die Orchestermitglieder und der Viola-Solist gegen Ende ganz unvermittelt zu sprechen beginnen. Dies erscheint wie das Einbrechen einer künstlerischen Welt in die andere. Bei näherer Betrachtung wird die eminente Widersprüchlichkeit deutlich, von der die Textsetzungen gekennzeichnet sind. Prägend ist der

Gegensatz zwischen Wunsch und Wirklichkeit, zwischen den Sehnsüchten von Liebenden und Hoffenden sowie deren markanten Gefährdungen. Zimmermann arbeitet mit einem Feld von Verständlichkeitsgraden: Momente größerer Wortverständlichkeit sind eng verwoben mit eher rätselhaften Passagen. Realisiert wird damit zugleich die Darstellung einer Art von Sprach- oder Denkverwirrung, die wiederum auf die Überfülle an Informationen und widersprüchlichen Eindrücken bezogen werden kann, denen der moderne Mensch ausgesetzt ist. Das Werk opponiert mit seiner collagehaften Aufblendung existentieller Momente, die beim ersten Hören zumindest ohne den Blick ins Programmheft kaum zu enträtseln sind; zugleich richtet es sich gegen ein traditionelles Rezeptionsverhalten, welches das akustisch unmittelbar Verständliche höher bewertet als das Verschlüsselte. Auch darin wendet es ein Denken, das in manchen Werken der bildenden Kunst längst nahezu selbstverständlich wurde, auf den Musikbereich an. Und nicht zuletzt in dieser Hinsicht verweisen die *Antiphonen* auf das späte *Requiem für einen jungen Dichter*, dessen ›Lingual‹-Konzept[7] ein umfassender Versuch ist, die verschiedensten Darstellungsformen von Sprache miteinander zu verknüpfen, um auf diesem Wege das Verstehen selbst zu problematisieren. In diesem über weite Strecken collagehaften Werk, in dem Zimmermann seine persönliche Lebensbilanz entworfen hat, kulminieren zugleich die Wirklichkeitsbezüge.

Alle genannten Werke des Komponisten, die ganz oder in Teilen als verschlungene musikalische Collage angelegt sind, profitieren nachdrücklich von Zimmermanns langjähriger Erfahrung als Komponist von Hörspiel- und Filmmusik. »Wer Wert darauf legt, von den ›Fachleuten‹ mißverstanden zu werden, der schreibe Hörspielmusiken: die Ausbeute an stilistischen Verdächtigungen, schlichter Ignoranz und Böswilligkeit ist beträchtlich«, hatte Zimmermann 1958 in einem Aufsatz mit dem bezeichnenden Titel ›Beschränkung und Freiheit‹[8] geschrieben. Der Komponist benannte damit die Geringschätzung, der die so genannte angewandte Musik nach dem Zweiten Weltkrieg weithin ausgesetzt war. Und er setzte dagegen ein Plädoyer für die Möglichkeit des Experimentierens mit »allem, was der Rundfunk an Möglichkeiten dieser Art hervorgebracht hat«. Aus heutiger, gelassener Perspektive ist nicht mehr zu ignorieren, welche Vernetzung zwischen beiden Bereichen besteht, jenem der elaborierten Konzertmusik und dem der zweckorientierten angewandten Musik. Und gerade mit Blick auf einen Komponisten wie Zimmermann kann man davon sprechen, dass er auf der ›Experimentierbühne‹ des Hörspielbereichs (und dasselbe gilt für das Theater oder den Film) Verknüpfungsmöglichkeiten ausprobierte, die seinen vielfältigen Collagen und Montagen gleichsam den Boden bereiteten. Hier formte sich wohl auch Bernd Alois Zimmermanns Gewissheit, dass es unsinnig ist, der Musik Beschränkungen aufzuerlegen. Ihre Vernetzung mit anderen Medien wurde für Zimmermann immer wesentlicher. Bereits seine Oper *Die Soldaten* bekundet dies, und seine geplante Oper *Medea*, für die sich im Nachlass des Komponisten Ansätze eines Filmdrehbuches finden, hätte diesen Weg gewiss konsequent weitergeführt. Die zu Zimmermanns Markenzeichen gewordenen Zitate von Text- oder Musikelementen, aber auch seine Einblendungen von Geräuschen oder sogar Popmusik (im *Requiem* wird zweimal der berühmte Beatles-Song ›Hey Jude‹ zitiert, um das Lebensgefühl der sechziger Jahre abzubilden) wären ohne diese Offenheit undenkbar. Dasselbe gilt für die überaus zahlreichen Stellen seines Schaffens, in denen der Komponist Jazzmomente einbindet. Zimmermann, der schon in den fünfziger Jahren ein mit Jazzelementen ausgestattetes Trompetenkonzert schrieb und zeitweise eng mit Free-Jazz-Musikern zusammenarbeitete, faszinierte am Jazz offenbar besonders das Unbeherrschbare, sich nicht einer homogenen Struktur Fügende. Und gerade hier wird wiederum ein zukunftsweisender Kernaspekt seines gesamten Musikdenkens spürbar: Zimmermanns ausgeprägte Neigung, die in Kreisen der Avantgarde wie der Traditionalisten gleichermaßen geübte Praxis des möglichst homogenen, widerspruchslosen Komponierens zu weiten. Er ließ gleichsam störende, absichtsvoll inkongruente Momente in den Organismus eines Musikwerkes hinein. Zimmermann verlieh dem Komponierten gerade damit einen zusätzlichen ›élan vital‹, eine bis dahin ungewohnte, faszinierende Offenheit sowie eine ›pluralistische‹ Mehrdimensionalität. Dies alles ist aus der Musik des inzwischen zu Ende gegangenen 20. Jahrhunderts mittlerweile nicht mehr wegzudenken.

Anmerkungen

1 Werner Spies, Max Ernst. Collagen: Inventar und Widerspruch, Köln 1988, S. 13

2 Auch der immer wieder als Kronzeuge des radikalen Fortschritts interpretierte Adorno hat dies in seiner späten ›Ästhetischen Theorie‹ so gesehen

3 Zit. nach Bernd Alois Zimmermann. Dokumente, hg. von K. Ebbeke, Berlin 1989 (Katalog der Akademie der Künste), S. 11

4 Zu Zimmermanns ›Requiem‹ insgesamt vgl. Jörn Peter Hiekel, Bernd Alois Zimmermanns ›Requiem für einen jungen Dichter‹. In: Beihefte zum Archiv für Musikwissenschaft, Bd. 36, Stuttgart 1995, hier v. a. S. 66–70 und 131–139; zum Bezug Zimmermann – Schwitters vgl. ders., Die Kippsituation des Grotesken. Bernd Alois Zimmermanns Schwitters-Rezeption. In: Neue Zeitschrift für Musik 3/1994, S. 40–42

5 Zimmermann, Dokumente, a.a.O., S. 11

6 B. A. Zimmermann, Intervall und Zeit. Aufsätze und Schriften zum Werk, hg. von Christof Bitter, Mainz 1974, S. 110

7 ›Lingual‹ (von Zimmermann mit ›Sprachstück‹ übersetzt, vgl. Intervall und Zeit, a.a.O., S. 116) ist der Untertitel des Werkes

8 Zimmermann, Intervall und Zeit, a.a. O., S. 52

Authentische Apokryphe

Mauricio Kagel und die Parodie

Karl-Heinz Zarius

Stichworte

Wenn Camille Saint-Saëns im *Karneval der Tiere* den Schildkröten das klingende Gewand einer Zeitlupenversion des Cancan aus Jacques Offenbachs *Orpheus in der Unterwelt* gibt, amüsiert dies den kundigen Hörer. Er hat nicht nur die Anspielung verstanden, sondern vor seinem inneren Auge stellt der laszive Tanz der Reptilien auch das prickelnde Original in Frage. Die Pointe lebt von der Anleihe, und ihr Witz infiziert das Vorbild. Persiflierend-parodistische Werke, in der Musik von der Travestie kaum scharf zu trennen, verarbeiten fremdes Material mit dem Ziel komischer oder satirischer Wirkung. Damit bilden sie eine leicht anrüchige Seitenlinie zur großen Tradition der Parodie vom 15. bis zum 18. Jahrhundert, deren Charakteristik in der kompositorischen Transformation bereits vorhandener Musik zu neuen Werken bestand.[1] So bietet Johann Sebastian Bach in seiner h-Moll-Messe nicht nur Neukompositionen, sondern greift auf mindestens sieben verschiedene eigene Arbeiten zurück, vor allem ältere Kantaten- und Oratoriensätze, ohne dass dem Gesamtwerk das Collageprinzip anzumerken wäre. Ob dieses Verfahren sich kreativer Rationalität vor der Idee des autonomen Kunstwerks, ökonomischem Recycling unter Zeitdruck oder der Offenheit musikalischer

Hieronymus Bosch, Ausschnitt aus *Die musikalische Hölle* (rechte Seite des Triptychons *Der Garten der Lüste*), um 1505, Museo del Prado, Madrid

Signifikation verdankt, mag hier dahingestellt bleiben. Karikierende Parodien treten ebenfalls in der zweiten Hälfte des 15. Jahrhunderts in Erscheinung, z. B. als volkstümliche Ironisierungen der subtil-exzentrischen psychologischen Hochspannung des Renaissancemadrigals. Frottolen, Villanellen und ganze Folgen von Chorsätzen mit heiterer dramatischer Handlung, so genannte Madrigalkomödien, bereiten in pointiert direkter Commedia-dell'arte-Tradition den Boden für Intermezzo, Opera buffa und Dramma giocoso, für Singspiel, Operette und schließlich das Musical. Erwähnt seien neben Wenzel Müllers *Zauberflöten*-Parodie die *Tannhäuser*- und *Lohengrin*-Travestien von Johann Nestroy oder die Londoner *Beggar's Opera*, deren innovatives Misstrauen gegen das biblisch-antikische Pathos Georg Friedrich Händels die leeren Baukasten-Tragödien der Opera seria aufwirbelte und in Brecht-Weills *Dreigroschenoper* späte Früchte trug. Während text- und handlungsbezogene Musik – Lied, Chorwerk, Oper – wegen ihrer deutlicheren semantischen Dimension dem parodistischen Spiegelbild geradezu entgegenkommt, erscheinen die Beispiele von Parodien der so genannten absoluten Musik jenseits derber Ausdrücklichkeit komplizierter codiert. Auch sie ziehen ihre Pointen aus Verweisen, Allusionen oder Zitaten. Aber schon Wolfgang Amadeus Mozarts *Musikalischer Spaß* KV 522 realisiert seinen Anspruch auf mehreren Ebenen: einer eher banalen der falschen Töne und missglückten Kadenzen unzureichender Instrumentalisten und einer hintergründig-bösartigen der scheiternden Komposition. Dieser Aspekt, seit mehr als 200 Jahren kaum noch unmittelbar wirksam, mag den Zeitgenossen, vor allem aber der breiten Phalanx minderer Tonsetzer als öffentliche Hinrichtung erschienen sein. Ähnlich gnadenlos schärft Richard Wagner in den *Meistersingern* die Figur und die Gesänge Beckmessers zu einer Abrechnung mit der akademischen Reaktion und ihrer Angst vor dem Neuen, verkörpert in ihrem publizistischen Sprachrohr Eduard Hanslick. Parodie als lächelnde oder bittere Positionsnahme markieren auch Emanuel Chabriers *Tristan-Quadrille*, Erik Saties Clementi-Anspielung in seiner *Sonatine bureaucratique* oder das Chopin-Trauermarsch-Zitat in seinen *Embryons desséchés*; Claude Debussy zeigt Abstand zu Wagner durch das Tristan-Motiv in *Golliwogg's Cakewalk*, und Paul Hindemith in seinem *Armeemarsch 606* oder Igor Strawinsky in der *Zircus-Polka für einen jungen Elefanten* verulken typische Produkte der bürgerlichen Unterhaltungskultur.

Parodistische Tendenzen eigener Art, möglicherweise verbunden mit bestimmten historischen, psychologischen oder philosophisch-ideologischen Implikationen und Konnotationen, zeigen sich in der sukzessiven oder simultanen Mischung heterogener Stilebenen.

Luis Buñuel, Arbeitsfoto zu *L'âge d'or*

Indem Mozart etwa im Kopfsatz der so genannten Jupitersymphonie KV 551 oder im Finale des G-Dur-Streichquartetts KV 387 konstruktiven Ernst und gassenhauerartige Melodien unmittelbar abwechselt oder gar diese in jenen verwandelt, geraten die Gesten des Gelehrten und des Galanten in eine dialektische Spannung, deren zeitgenössische Wirkung nur noch erahnt werden kann. »Wodurch Mozart, auf den harmonistische Ästhetik dem Schein nach so plausibel sich berufen mag, deren Normen entragt, ist ein seinerseits, nach geläufiger Redeweise, Formales: seine Fähigkeit, Unvereinbares zu vereinen, indem dem Rechnung getragen wird, was die divergenten musikalischen Charaktere zu ihrer Voraussetzung herbeiziehen, ohne in ein anbefohlenes Kontinuum sich zu verflüssigen.«[2] Parodistische Maskerade, unter deren Tarnung Unheil droht, verdeckt notdürftig das wahre Gesicht mancher Moll-Menuette Mozarts, so der g-Moll-Symphonie KV 550 und des Streichquintetts in derselben Tonart KV 516, deren rhythmische und harmonische Schärfen durch den tänzerischen Gestus weniger gemildert als betont werden. Ähnlich offenbaren sich im scheinbar harmlosen Gewand Trauer und Tragik in vielen Mazurken Frédéric Chopins und im Streicherdivertimento Béla Bartóks, in dem die lächelnde Maske Züge der schmerzlichen Grimasse annimmt. Die mühsam errungene Balance des Disparaten zerbricht zur verzweifelten Groteske in den Stilmontagen Gustav Mahlers. Wenn im dritten Satz der 1. Symphonie, vom Komponisten zunächst: ›Gestrandet. Ein Totenmarsch in Callots Manier‹ überschrieben, die dumpfen Schläge des Kondukts sich mit dem nach Moll verdüsterten Kanon ›Bruder Jakob‹, der zarten Erlösungsvision vom Blüten schneienden Lindenbaum und rüden Jahrmarktsklängen verbinden, dann ist die Botschaft der Parodie der »Jammer der Erde«.[3] »Dem Convenu dünkt das literarisch und außermusikalisch; keine Musik soll nein sagen können zu sich selbst. Aber die Mahlersche empfängt gerade durch die stringente Fähigkeit dazu, die bis ins gewählt-wahllose Material hinabreicht, ihren begriffsfernen und gleichwohl unmißverständlichen Inhalt. Negativität ist bei ihm zur rein kompositorischen Kategorie geworden: durchs Banale, das als Banales sich deklariert; durch Sentimentalität, deren heulendes Elend die Maske sich herunterreißt; durch outrierten Ausdruck über das hinaus, was die Musik an Ort und Stelle trägt.«[4] Radikale Collageverfahren der Schichtung heterogener musikalischer Texte ohne Rücksicht auf traditionelle Material- und Geschmackskategorien kennzeichnen viele Werke von Charles Ives. Avancierte melodisch-rhythmische Strukturen verbinden sich in unterschiedlichen Tempi und Tonarten mit Märschen, Liedern, Chorälen und Hymnen der amerikanischen Kirchen- und Gebrauchsmusik. Im Kontext des Transzendentalismus haben diese bisweilen schrillen Parodien allerdings eher die Bedeutung einer spirituellen Pluralität.[5]

Pieter Brueghel d. Ä., *Die Krüppel*, o. J., Musée du Louvre, Paris

Satire und Metapher

Schon im knappen Überblick erscheinen die Kategorien und Grenzen der Parodie unscharf; Merkmale der Karikatur, des Komischen und Absurden fließen ein, und eine stabile Systematik ist kaum in Sicht. Sicher ist eine charakteristische Qualität der Parodie der Humor, die ironische Pointe, die der Travestie vergleichbar aus der Diskrepanz von Form oder Darstellungsweise und Inhalt resultiert. Bei text-, handlungs- oder bildbezogener Musik, bei Vokalwerken, bei Oper, Ballett oder Film entsteht der parodistische Effekt aus dem unerwarteten Zusammentreffen einer semantisch-narrativen Wort-, Handlungs- oder Bildebene mit einer als unpassend empfundenen, eher atmosphärischen Klangschicht, was die Gesamtinformation dissoziiert und gegebenenfalls ins Lächerliche zieht. Verdoppelung, Kommentar oder Annullierung der Wort-, Handlungs- oder Bildsprache setzen eine fassbare Bedeutungsdimension der Musik voraus. Eine Semantizität jenseits literarischer Programmatik, Gegenstand kontroverser ästhetischer Diskurse seit den Richtungskämpfen zwischen akademischer Tradition und neudeutschem Aufbruch, ist als Wirkung ebenso unbestritten wie analytisch schwer zu greifen. Archetypische Verstehensmodelle scheinen sich mit kulturspezifischen und individuellen Deutungsmustern zu verbinden und musikalischen Ausdruck auch da zu erschließen, wo direkte Signifikanten wie Zitate oder Anspielungen fehlen. Sicherlich sind Vielfalt und Differenzierung des interpretativen Repertoires des Rezipienten von seiner Musikerfahrung abhängig, und sicherlich unterliegen die eher begriffslosen musikalischen Bedeutungsfelder historischen Wandlungen. Damit entzieht sich die klingende Parodie, wenngleich objektiv gegeben, als unmittelbares Erlebnis der intersubjektiven Objektivierbarkeit jenseits historischer Übereinkünfte. Nur grobe Effekte können auf breiteres Verstehen rechnen, so der unerwartete Paukenschlag in der entsprechenden Symphonie Nr. 94 von Joseph Haydn, die falschen Töne im *Musikalischen Spaß* von Mozart, das monotone Quaken der in Frösche verwandelten lykischen Bauern in der 5. ›Metamorphosen‹-Symphonie von Carl Ditters von Dittersdorf, die Persiflagen der Hoffnung-Festivals oder die fragwürdigen Karikaturen Neuer Musik in den ›Werken‹ von ›P. D. Q. Bach‹. Oberhalb dieser plakativen Ebene setzt das Verständnis musikalischer Parodie und Komik Kenntnisse und eine gewisse Erfahrungs- und Erlebniskultur voraus. Stilistische Brüche, disparate Kontexte, Kompositions-›Fehler‹, überraschende Wendungen, Normverstöße, Zitate und Anspielungen müssen wahrgenommen und verstanden werden, um die intendierte Wirkung zu tun. Darüber hinaus ist ein zustimmendes Goutieren davon abhängig, ob die einer Parodie implizite Bewertung geteilt wird. So kann Anton Weberns Instrumentation des sechsstimmigen Ricercares aus Bachs *Musikalischem Opfer* bei streng historisch orientierten Liebhabern des Werkes als Verunglimpfung empfunden werden wie die zahlreichen Harmoniemusik- und Salonorchesteradaptionen populärer klassischer oder romantischer Werke. Umgekehrt erscheint es als fraglich, ob die durchaus parodistisch-kritische Wirkung der *Akademischen Festouvertüre* von Johannes Brahms tatsächlich gemeint ist oder ob das Opus konventioneller Kommerslaune ein fragwürdig-affirmatives Denkmal setzt.

Die Wandlungen ästhetischer Normen und Konnotationen können Musikwerke unabhängig von ihrer historischen Bedeutung als Parodie erscheinen lassen: Die fromme Verbindung mancher Metaphern in den Kantatentexten von Bach mit den einst durchaus angemessenen Affektfiguren schlägt für manche Hörer heute um in die Persiflage verstopfter Frömmelei, und selbst die Rasanz der eilenden frohen Hirten im *Weihnachtsoratorium* kann Mickey-Mouse-Assoziationen respektlos nahe legen. Ähnlich wandeln sich im 21. Jahrhundert nach den Weltkatastrophen des 20. manche triumphalen Erlösungsgesten Beethovens oder die stürmischen Glücksmomente Schumanns zur Parodie falscher Naivität. Wenn jedes Musikwerk hinter seiner Singularität auch immer Teil eines selbstreferentiellen Kontinuums ist, wird der parodistische Charakter vollends zur historisch-relativen Entscheidung. »Die elfstimmige Partitur wirkt wie eine Ironie. [...] Wenn man dieser Musik begegnete, ohne zu wissen, aus welcher Haltung und aus welchem Kreise sie herauswuchs, so würde man sie für das Werk eines Spaßvogels halten. [...] Wir stehen am Ende der Musik gegenüber, dem absoluten Endpunkt« (Hans Mersmann 1927 zu Weberns op. 10). »In dieser Hinsicht ist Weberns Lyrik Kritik im höchsten Sinne, Vorwegnahme und Entwurf einer musikalischen Welt, die sich aus der Zeit, in der sie konzipiert wurde, einmalig und unverwechselbar heraushebt« (Herbert Eimert 1955). In diesem Sinne muss sich eine Position, die den Neoklassizismus der zwanziger und die Neoromantik der siebziger und achtziger Jahre des 20. Jahrhunderts prinzipiell als Parodie denunziert, dem Verdacht der Ideologie stellen. Indem im postmodernen Denken die Relativität auch ästhetischer Normen zur unhintergehbaren Prämisse des Diskurses geworden ist, wird die Parodie zu einer subjektiven Kategorie. Richard Strauss und Anton Webern stehen ebenso zur Disposition wie John Cage und Wolfgang Rihm. Das Pluralitätsparadigma nivelliert nicht notwendig, lässt aber divergenten Authentizitäten ihren Raum und entzieht damit möglicherweise der Parodie ihren kritischen Boden. Die Montage formt mobile Kontexte der Spannung, statt Normen zu oktroyieren. Adaptionen, Zitate und Anspielungen bei Arnold Schönberg, Hans Werner Henze oder Uri Caine beleuchten in der Anverwandlung traditionelle ebenso wie aktuelle Rationalitäten. Wenn Mozart in *Così fan tutte* Fiordiligis moralischer Stabilität in ihrer großen Arie ›Come scoglio‹ – ›Wie der Felsen‹ ein brüchiges Denkmal setzt, zitiert er Affektmuster der Opera seria, die den beabsichtigten Ausdruck adäquat darstellen und ihn gleichzeitig – Satire und Metapher vereinend – der Unglaubwürdigkeit preisgeben.

Kurt Schwitters,
Merzbild 46a. Das Kegelbild, o. J.,
Sprengel Museum, Hannover

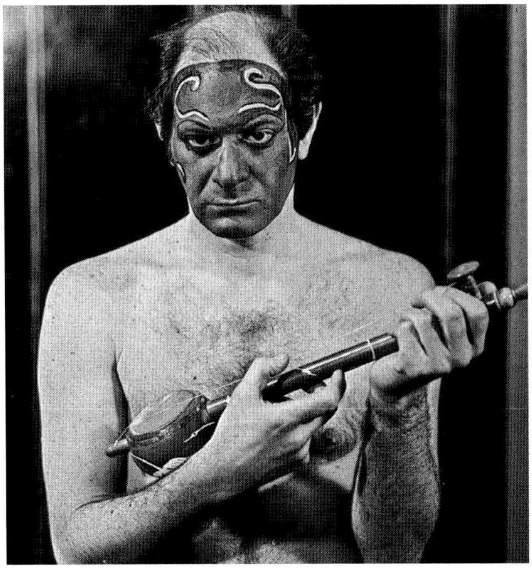

Mauricio Kagel
in EXOTICA, 1972

Kagels Büchse der Pandora

Im nunmehr über fünf Jahrzehnte sich entfaltenden vielgestaltigen und umfangreichen Œuvre Mauricio Kagels lassen sich zentrale und grundlegende Kräfte dialektisch polarisieren: Phantasie und Form, Experiment und Tradition, Provokation und Respekt, Humor und Ernst ... Die Vielfalt der Gattungen, Besetzungen, Medien und Formen, die Solo, Kammermusik-, Chor- und Orchesterwerke, die Produktionen für das Instrumentale Theater, das Neue Musiktheater, für die Studio- wie für die große Bühne, für das Radio, den Film und das Fernsehen, die Operationen an den Grenzen der Gattungen, die Überschneidungen und innovativen Vorstöße ins unerforschte Territorium des Akustischen und Optischen kreisen um ein Geheimnisvoll-Verborgenes, gleichzeitig Anwesendes und Sich-Entziehendes: Kagel sagte in einem Rundfunkgespräch im WDR Köln 1999: »Ich komponiere, weil ich nicht weiß, was Musik ist.« Ein noch lange nicht abgeschlossenes Lebenswerk als komponierte Recherche verdankt sich einem habituellen Misstrauen gegen Systeme und Normen als lebensfeindlichen Verdinglichungen einer instrumentellen Vernunft, die auch die Freiheit der Kunst zur dekorativen Illusion kanalisiert.[6] Vielleicht ist Adornos These unter dem Zwang der Geschichtlichkeit uneinlösbar, aber sie könnte als Subtext den Palimpsesten Kagels eingeschrieben sein: »Die Gestalt aller künstlerischen Utopie heute ist: Dinge machen, von denen wir nicht wissen, was sie sind.«[7] Die dramaturgische Architektur sukzessiver und simultaner Gestaltungsmomente unterschiedlicher materialer, medialer und stilistischer Provenienz zu Kontexten und Schichtungen variabler Divergenz und Komplexität kennzeichnet das Schaffen Kagels seit den Anfängen. Schon 1971 resümierte Kagel seine ästhetische Position abseits der puristischen Avantgarden: »Ich meine, die Aufgabe eines Musikers heute ist es, alle Dimensionen in den Griff zu nehmen. Alles steht uns zur Verfügung. [...] Meine Absicht war es immer, in meinen Stücken eine möglichst große Zahl von Situationen miteinander zu verknüpfen. [...] Ich baue aus eindeutig formulierten Details vieldeutige Stücke auf.«[8] Kagels Zweifel an der Gültigkeit von Modellen evoziert die schöpferische Koinzidenz von Komposition und Dekomposition, von Konstruktion und Dekonstruktion. So erscheint die radikale Erweiterung des Begriffs von Instrument,

Instrumentalspiel und -klang in den sechziger und frühen siebziger Jahren zugleich als Dekonstruktion herkömmlicher Musik und ihrer Ästhetik wie als Konstruktion neuer Spiel- und Ausdrucksräume. Die zeitweise Vereinnahmung Kagels in der Fluxus-, Anti- oder Nichtkunstszene übersah eindimensional die innere Dialektik derart komponierter Dekomposition. Theater-, Film- und Hörspielproduktionen eröffnen im dekompositorischen Zugriff auf tradierte Gattungs- und Sinnkategorien die Büchse der Pandora und legen in der Kündigung von Sicherheiten Abgründe frei, in denen sich die Gespenster des Bösen und Banalen zu Alptraum, Totentanz oder Groteske verbinden[9]; gleichzeitig geben sie vielfältige Impulse für eine veränderte künstlerische Wirklichkeit. Dekomposition und Montage des Disparaten, die infektiöse Mischung von Subtilem und Trivialem schreiben die Tradition Mozarts, Schuberts und vor allem Mahlers ebenso fort wie die Visionen eines Hieronymus Bosch und Pieter Brueghel, das Collage-Denken von Kurt Schwitters oder die surrealen Labyrinthe Luis Buñuels.

Parodistische Verfahren, die dem ästhetischen Diskurs der jüngeren Vergangenheit vorgreifen, prägen manche Werke Kagels aus den sechziger Jahren.[10] Die MUSIK FÜR RENAISSANCE-INSTRUMENTE (1966), die STREICHQUARTETTE I/II (1967), der Film SOLO (1967) und die Beethoven-Hommage LUDWIG VAN als Partitur und Film (1969/70) diskutieren in unterschiedlicher Weise musikalische Traditionen unter dem Brennglas strikter Gegenwärtigkeit. Die MUSIK reflektiert jenseits historisierenden Bewahrens den angegriffenen Klang des alten Instrumentariums als Ressource unverbrauchter Musizierpraxis. Die beiden Streichquartette stehen in der elaboriertesten Tradition der Gattung seit Haydn und stellen gleichzeitig diese und die sozialpsychologischen Implikationen der ›Viererbande‹ in Frage. Sowohl die Haltungen, Spieltechniken und Klänge der Instrumente als auch die Bühnenpositionen und die komponierte Theatralik der szenischen Interaktionen brechen die Institution Streichquartett auf, in der Parodie deren Rang zugleich bestätigend und sabotierend. Der Film SOLO (de)komponiert die Rolle des Dirigenten als eines Einsamen, dessen kommunikative Bemühungen der Ausdrucks- und Identitätssuche ohne Antwort bleiben. LUDWIG VAN schließlich parodiert auf verschlungenen Ebenen die Beethoven-Reproduktion und -rezeption, den Kult und den Missbrauch. Kritische Fragmentierungen und irritierende Montagen rücken den zum 200. Geburtstag Geehrten in die radikale Zeitgenossenschaft der Frage, was bleibt.

Höhepunkte komplexer Gestaltung und Verarbeitung heterogener Quellen im Œuvre Kagels bilden die großen Bühnenwerke STAATSTHEATER (1970), DIE ERSCHÖPFUNG DER WELT (1980) und

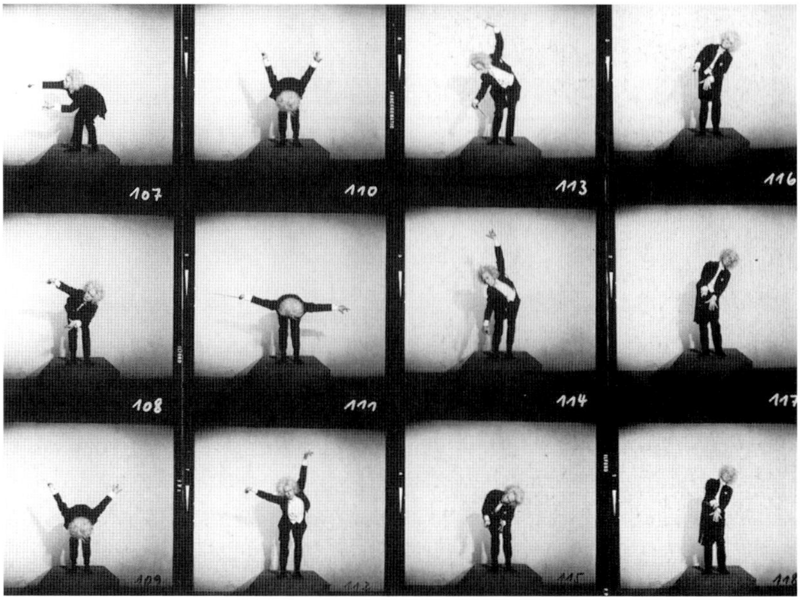

Mauricio Kagel, Film Solo, 1967, Sequenz Einstein

Aus Deutschland (1981). Staatstheater versammelt unter der Idee einer Mobilisierung alles dessen, was die Oper ausmacht, eine riesige Fülle von instrumentalen, vokalen, tänzerischen, szenischen und bühnentechnischen Momentaufnahmen in einer katalogartigen Partitur minutiöser Gestaltungsanweisungen, die bei jeder Einstudierung zu einer kontinuierlichen musiktheatralischen Montage surrealer Fragmente komponiert werden.[11] Die Parodie des traditionellen Werkbegriffs bestimmt bereits das Konstruktionsprinzip: »Jede Rea-

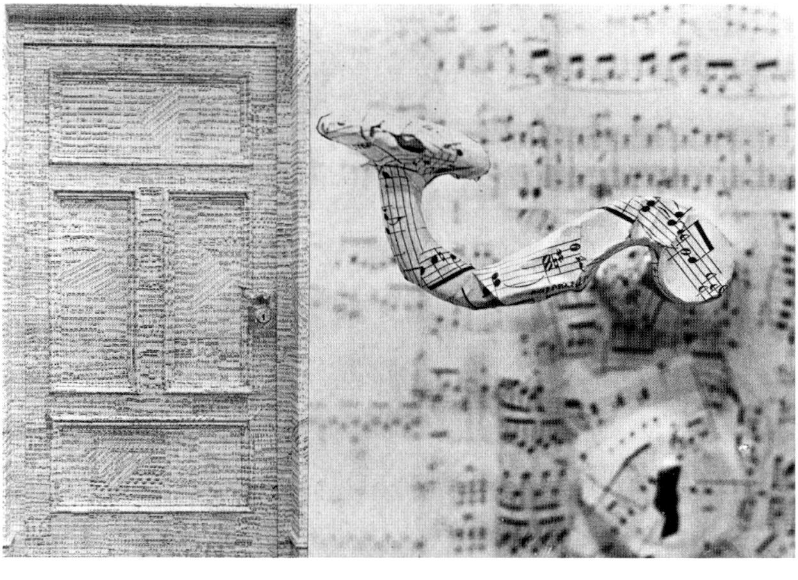

Mauricio Kagel, Musikzimmer des Beethovenhauses aus dem Film Ludwig van: Tür und Klinke, 1970

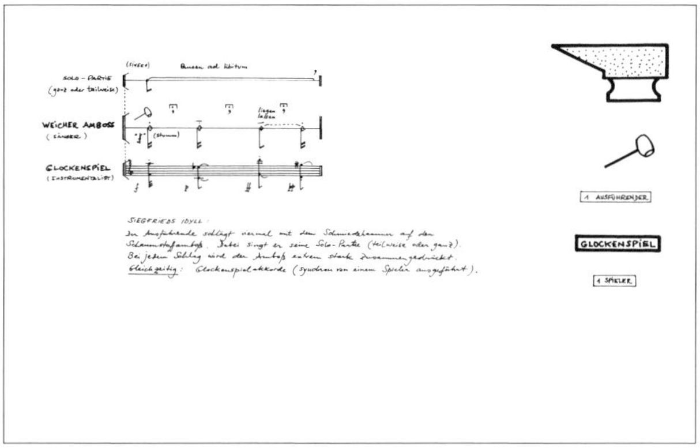

Mauricio Kagel, STAATSTHEATER, 1970, Szenenfoto *Siegfrieds Idyll*

Mauricio Kagel, STAATSTHEATER, 1970, Partiturseite 252, Teil *Saison: Siegfrieds Idyll*

lisation des Werkes wird daher unvollständig sein, und zwar auf eine Weise, die die beteiligten Sänger und Musiker vielleicht nicht befriedigen wird« (aus dem Vorwort der Partitur). Parodistisches durchzieht viele Details von STAATSTHEATER: von den Persiflagen bekannter Opernszenen bis zum *Ballett für Nicht-Tänzer*, vom Chorauftritt der großen Solisten bis zur öffentlichen Bühnengymnastik. Eingeschrieben ist dem bunten Treiben die traditionelle Tendenz der Oper zum Welttheater: Staats-Theater als chaotischer Circus der Defekte. An den Wurzeln diesseitiger und jenseitiger Existenz gräbt Kagel in seiner untröstlichen Hiobsklage: DIE ERSCHÖPFUNG DER WELT. In parodistischer Umkehrung des Genesistextes erscheint die Schöpfungsgeschichte als Desaster von der Erschaffung des Dunkels bis zum Ende der Menschheit im Mahlwerk des göttlichen Fleischwolfs. »Am Ende erschöpfte Gott den Himmel und die Erde. Die Erde war wüst und öde, Smog lag auf der Urflut, und der Geist Gottes schwamm in den Abwässern. Und Gott sprach: Es werde Licht! Aber es ward kein Licht. Und Gott sah, daß die Finsternis gut war […].« Parodieverfahren durchziehen Text

Mauricio Kagel, Probenfoto zu DIE ERSCHÖPFUNG DER WELT, 1980, Staatsoper Stuttgart

und Musik eines Werkes, das der alttestamentarischen Klage näher steht als der Blasphemie, scheint doch auch Gott von Anbeginn nicht Herr des Unheils zu sein. AUS DEUTSCHLAND formt aus bekannten Kunstliedtexten von Müllers *Winterreise* bis zu Goethe, Heine und Hölderlin musikdramatische Szenenfolgen. Die angestrebte Theatralik »geschieht hauptsächlich durch die Erfindung von Rollen, die in dramatischer Übereinstimmung – aber auch im Gegensatz – zu den poetischen Texten stehen. [...] Während so die Personen des Stückes ihre Entstehung nachweisbaren Quellen verdanken, kommen in der Regel dagegen keine musikalischen Zitate vor: Es klingt nach Kagel, erinnert jedoch an Schubert.« Kagel definiert in diesen Sätzen im Programmbuch der Uraufführung von 1981 die parodistische Ebene seiner *Liederoper*. Bekannte Texte, Inszenierungsrealistik und unver-

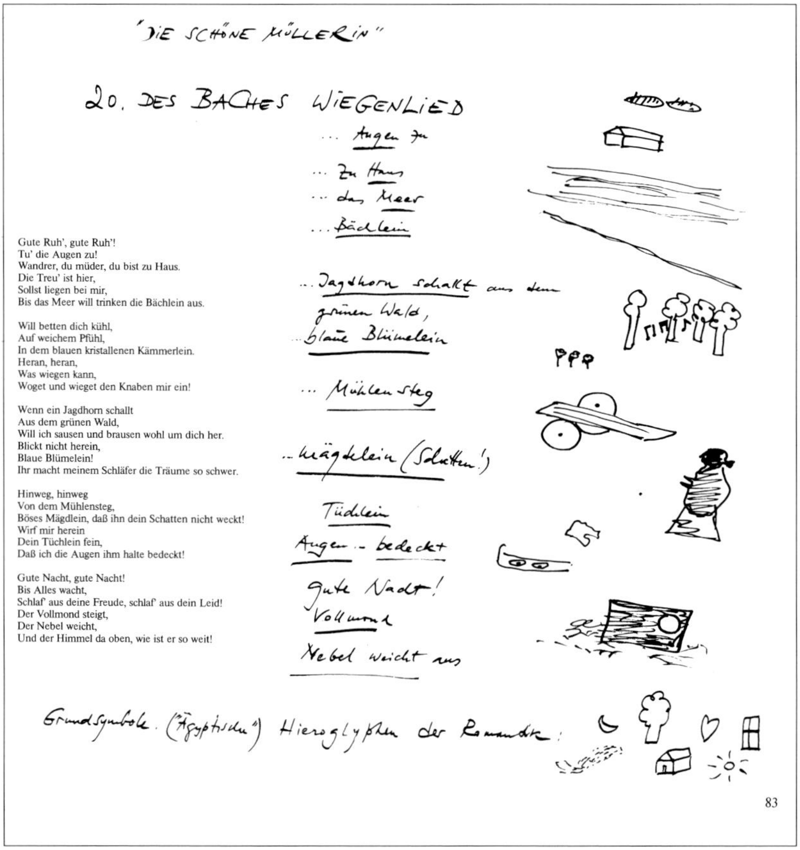

Mauricio Kagel, AUS DEUTSCHLAND, 1981, Skizzenblatt

traute Musik bilden einen Kontext wechselseitiger Befragung, der die romantischen Gedichte in der verfremdenden Abstraktion zu Chiffren zerbrochener Träume vergegenwärtigt.

Seit mehr als 30 Jahren bezieht Kagel verstärkt populäre Klangmuster in seine Komposition ein: Überblendungen naher Ferne und fremder Nähe. In TACTIL, *für drei* (1970) exponieren Klavier, Gitarren und Mundharmonika eine fast skelettierte Schichtung repetierter harmonisch-rhythmischer Standardpatterns der Unterhaltungsmusik, die bizarre Trauer des ZWEI-MANN-ORCHESTER (1973) mit seinem instrumentalen Schrott findet ebenso wenig Halt in elektronisch erzeugten Tanzrhythmen, wie die exzentrischen Turnübungen der Gymnasten in EX-POSITION (1978) im Wirrwar der tickenden, klopfenden und zischenden Rhythmusmaschinen zu gemeinsamer Koordination finden: ein desolates Maskenspiel, bedroht von plötzlichen Schlagzeugüberfällen und trostlos beweint von subtil dekomponierten Bachchorälen. Parodie als Kritik und Innovation kennzeich-

Mauricio Kagel, CHORBUCH, 1978, Choral Nr. 24,1

net Klang und Faktur einiger Stücke aus dem Zyklus PROGRAMM, *Gespräche mit Kammermusik* (1972): AUS ZUNGEN STIMMEN, *für Akkordeonquintett*, CHARAKTERSTÜCK, *für Zitherquartett* und MUSI, *für Zupforchester* zitieren und dekonstruieren mit den Instrumenten

Mauricio Kagel, Film KANTRIMIUSIK, 1976

Allusionen an den Habitus volkstümlicher Musik und thematisieren wie KANTRIMIUSIK, *Pastorale für Stimmen und Instrumente* (1975) deren fragwürdige Authentizität. Gleichzeitig öffnen diese Werke den elfenbeinernen Turm Neuer Musik und schwächen erfolgreich das Immunsystem selbst gewählter Avantgardeaskesen. EXOTICA, *für außereuropäische Instrumente* (1972) komponiert die Ausweglosigkeit interkultureller Kommunikationsversuche und parodiert damit vorweg die Naivität späterer Weltmusikidyllen. Dem Jazz und seiner ambivalenten Repräsentation zwischen affirmativem Sentiment und undomestiziertem Impuls sind BLUE'S BLUE, *Eine musikethnologische Rekonstruktion* (1979) und einige Stücke aus der Sammlung RRRR... (1982) gewidmet. Der eher resignativen Reanimation einer Fiktion stehen in RAGTIME-WALTZ *für Orgel* und den 5 Stücken für Jazz-Ensemble aus RRRR... sowie dem RAGTIME À TROIS *für Violine, Violoncello und Klavier* (1997) Modelle einer unverbraucht rauen Idiomatik gegenüber. Ähnlich überraschend parodiert der Zyklus DIE STÜCKE DER WINDROSE, *für Salonorchester* (1989–1994) durch den Wechsel des geographischen Standortes die Konnotation der Himmelsrichtungen. Im scheinbar harmlosen Klang des immer gleichen Ensembles, in dem nur das Schlagzeug seinen Bestand verändert, erscheinen musikalisch-psychologische Rätsel und Widersprüche. Kagel, 1931 in Buenos Aires geboren und dort bis 1957 ansässig, schreibt in seiner Einführung: »Auch heute noch ist für mich der Süden kein Inbegriff der Hitze, sondern eher der Kälte. [...] Dagegen ist der Norden alles andere als kalt. [...] Bedeutet z. B. der Begriff ›Naher Osten‹ für viele einen östlichen Kulturbereich, evoziert dieser bei denen, die im Fernen Osten leben, genau das Gegenteil.« Wie die

Zehn Märsche um den Sieg zu verfehlen (1979) das Pathos des Vorbildes karikieren und in der vor allem rhythmischen Dekomposition eine gewisse wütende Trauer zur Sprache bringen, beleuchtet Tango alemán *für Stimme, Geige, Bandonion und Klavier* (1976) in der Parodie des nationalen Symbols den Preis der Utopie: Der Nicht-Ort ist die Fremde.

Eine exemplarische Kohärenz der disparaten Ebenen zwischen Komödie und Tragödie, die den Unterschied zwischen Oben und Unten, zwischen Exklusivität und Trivialität verwischt oder vollends umkehrt, erreicht Kagel in seiner Dreifachproduktion Bestiarium: als Trio *für drei Pfeifenspieler*, als Theaterphantasie *Klangfabeln auf zwei Bühnen*, beides 1976, und als Film 1999 haben alle drei Erscheinungsformen des Projekts die Menschlichkeit des Menschen zum Thema. Wolfgang Hildesheimers in seinem Essay ›Über das absurde Theater‹ von 1960 geäußerter Verdacht, das absurde sei in Wahrheit das realistische Theater, legt die Vermutung nahe, dass die Parodie eine Grundbefindlichkeit humaner Selbstreflexion im Zeichen der scheiternden Aufklärung ist. Wenn die Möglichkeit konvergenter Wirklichkeits- und Geschichtsbilder geschwunden scheint und die Nichtidentität sich in die Nichtdarstellbarkeit entzieht, ist die Selbstvergewisserung des Menschen vor der verschlossenen Tür des Gesetzes auf das Inventar ihrer Bilder verwiesen. Kagels Bestiarium erscheint akustisch als Konzert von Lockpfeifen, vermeintlich unverfänglicher Klangspielzeuge aus dem Repertoire der Tierstimmenimitation, deren Funktion allerdings den Erfolg der Jagd skrupellos vorbereitet. Ähnlich janusköpfig erscheinen die zentralen Requisiten der Bühnenfassung: In vornehm-gediegener Samtdekoration agieren Puppenspieler mit überwiegend halb aufgeblasenen Gummitieren, banalen Utensilien für kindliche Strandbelustigung. Das Luftdefizit lässt die Bilder verlogenen Disney-Charmes in eine Wirklichkeit hineinaltern, die jeder Idylle hohnspricht. Der Film seziert ohne Schonung das Bühnentreiben und denunziert auch die letzten Reste eines Rückzugs in die Komik. Die schwarzen Satyrspiele Becketts verjüngen sich in der Parodie der Parodie.

»Die Atmosphäre dieses Abschnittes soll – mit betont sparsamen Mitteln und häufigen Pausen – ein Kompositum von Waldesruhe an einem Wintertag und Nachtstille im Sommer sein. Gedämpfte und helle Geräusche dürfen also nicht fehlen: zarter Wind und Nachtigall, kaum vernehmliches Troikageläute und Froschgequake, leise Schritte im Schnee und Bienengesumm, Wasserplätschern und Lockrufe.« Diese Montageanweisung für die erste Tonbandeinspielung von Kantrimiusik soll abschließend eine pointierte Vorstellung davon geben, was Kagels Parodie im postmodernen Wirklichkeitsdiskurs kennzeichnet: »Ich strebte bewußt nach authentischer Musik als Ausdruck des Apokryphen.«[12] Die Versöhnung des Disparaten in der poetischen Parodie des Poetischen bleibt unversöhnlich im Einspruch gegenüber dem ›beschädigten Leben‹, das Adornos *Minima Moralia* reflektieren. Kagels Nein antizipiert in einem gewaltigen Lebenswerk voll Humor, Wut und Sehnsucht in der Negation eine Vorstellung der Musik des Ja, die hinter der Pforte verborgen ist, vor welcher die heiter-traurigen Lieder der Klezmorim nicht verstummen.

Anmerkungen

1 Nähere Informationen und Literaturhinweise bieten die großen Nachschlagewerke: Die Musik in Geschichte und Gegenwart; The New Grove Dictionary of Music and Musicians; zum Komischen siehe: Michael Stille, Möglichkeiten des Komischen in der Musik, Frankfurt/Main 1990

2 Theodor W. Adorno, Ästhetische Theorie, Ges. Schriften, Bd. 7, Frankfurt/Main 1970, S. 455

3 Gustav Mahler, Das Lied von der Erde, 1. Satz

4 Theodor W. Adorno, Mahler, Ges. Schriften, Bd. 13, Frankfurt/Main 1971, S. 269

5 Siehe dazu: Wolfgang Rathert, Charles Ives, Darmstadt 1996

6 Zum Werk Kagels siehe: Dieter Schnebel, Mauricio Kagel Musik Theater Film, Köln 1970; Werner Klüppelholz, Mauricio Kagel 1970–1980, Köln 1981; ders. (Hg.), Kagel ... /1991, Köln 1991

7 Theodor W. Adorno, Vers une musique informelle, Ges. Schriften, Bd. 16, Frankfurt/ Main 1978, S. 540

8 M. Kagel. In: Hansjörg Pauli, Für wen komponieren Sie eigentlich?, Frankfurt/Main 1971, S. 86 und 95f.

9 Siehe dazu: Karl-Heinz Zarius, Danse macabre. Einige Gedanken zu Kagels Komik. In Klüppelholz (Hg.), Kagel ... /1991; ders., Durch die Zähne. Überlegungen zum Komischen bei Mauricio Kagel. In: Neue Zeitschrift für Musik, Heft 1/1996

10 Folgende der im Text erwähnten Werke sind auf CD erschienen: STREICHQUARTETTE, TACTIL, EXOTIKA, TANGO ALEMÁN, MÄRSCHE, RRRR..., DIE STÜCKE DER WINDROSE

11 Siehe dazu: Karl-Heinz Zarius, Grenze und Übergang. Staatstheater von Mauricio Kagel, Wien 1977

12 M. Kagel im Programmheft: Kagels Musiktheater, Oper der Stadt Köln, 1976

Klang(-Kunst) im öffentlichen Raum

Historismus im Alltag

Christoph Metzger

Robert Musil hat zum Historismus der späten zwanziger Jahre einen bemerkenswerten Essay verfasst, der das Thema Kunst, Erinnerung und Aufmerksamkeit im öffentlichen Raum zum Gegenstand hat. Führt man sich Musils Diagnose vor Augen, so kann man die Neuerungen aus dem Feld der Klangkunst als einen Appell an die Sinne verstehen. Der Titel – ein Epigramm: ›Denkmale‹. In seiner Abhandlung widmet sich der Autor jenen monumentalen Reiter- und Heldenplastiken, die er, wenn deren gestischer Ausdruck besonders dramatische Züge trägt, wie Karikaturen erscheinen lässt. Die eisernen und bronzenen Darsteller haben ein merkwürdiges Verhältnis zu ihrem Publikum: »Denkmale haben außer der Eigenschaft, daß man nicht weiß, ob man Denkmale oder Denkmäler sagen soll, noch allerhand Eigenheiten. Die wichtigste davon ist ein wenig widerspruchsvoll; das Auffallendste an Denkmälern ist nämlich, daß man sie nicht bemerkt. Es gibt nichts auf der Welt, was so unsichtbar wäre wie Denkmäler. Sie werden doch zweifellos aufgestellt, um gesehen zu werden, ja geradezu, um Aufmerksamkeit zu erregen; aber gleichzeitig sind sie durch irgendetwas gegen Aufmerksamkeit imprägniert.«[1] Mit diesem Bild thematisiert Musil die Gesetze unserer täglichen Wahrnehmung, die besonders sensibel auf Irritationen reagieren und das Gewohnte als Normalität nehmen. Dies betrifft die Bedingungen des Sehens und des Hörens. So entwirft Musil ein Programm, das auf die Kunst und die Musik unabhängig von ihren Epochen bezogen werden kann: »Alles Beständige büßt seine Eindruckskraft ein. Alles, was die Wände unseres Lebens bildet, sozusagen die Kulisse des Bewußtseins, verliert die Fähigkeit in diesem Bewußtsein eine Rolle zu spielen.«[2] In diesem Zusammenhang verweisen Denkmale auf Einstellungen und Werte einer vergangenen Zeit. Jede Zeit steht in einem ihr eigenen Verhältnis zum Vergangenen – ihr Reflex findet sich in der künstlerischen Praxis und im öffentlichen Diskurs. Unbemerkt bleibt jedoch oft die Kraft der stummen Zeugen und literarischen Zeugnisse, wie der weithin vergessene Musikgelehrte Alfred Einstein beobachtet hat. Wie Musil, so analysiert Einstein die historische Dimension des Ortes, auch als eine Selektion von Einstellungen und Werten: »In München, wo ich geboren bin, war bis vor einigen Jahrzehnten ein Konzertsaal klassizistischen Stils in Gebrauch, der Große Odeons-Saal, mit einer weiten Apsis fürs Orchester, in deren Halbrund eine Reihe von Musiker-

Großer Konzertsaal im Odeon zu München, 1928

büsten einige runde Nischen ausfüllten. Sie waren aus Gips, und ihr materieller und künstlerischer Wert war gleich null. Aber das Interessante an ihnen war: sie haben fortwährend gewechselt. 1811, als der Bau des Odeons neu war, stand neben Josef Haydn noch Michael Haydn, an Stelle Beethovens stand Cimarosa, und ich bin nicht sicher, ob neben Händel bereits Bach figurierte und nicht viel eher Graun und Hasse. Als ich jung war, um 1890, waren es zehn Gipsköpfe: Bach und Händel, Gluck und Haydn, Mozart und Beethoven, Weber und Schubert, Schumann und Mendelssohn; womit ich mich damals einigermaßen einverstanden erklären konnte. Als aber Felix Mottl, ein bedeutender neudeutscher Dirigent, der einst selbst in Cosima Wagners Herzen Johannistriebe erregt hatte, nach München kam, vermehrte er den erlauchten Halbkreis um zwei weitere Büsten: Wagner und Liszt. Brahms wurde nicht berücksichtigt, vermutlich weil er sich mit seinem Bartschmuck unter lauter glatten und mehr oder minder klassisch-römischen Masken fremdartig ausgenommen hätte. Wie die Zusammenstellung später aussah, weiß ich nicht: ich vermute nur, daß Mendelssohn zeitweilig verschwunden und dafür Anton Bruckner eingezogen war.«[3] Einsteins Erinnerungen an das Musikleben, die im US-amerikanischen Exil entstanden, weisen auf eine Selektion hin, die wichtige Komponisten unerwähnt lässt.

Die Beobachtungen von Musil und Einstein sind nun schon mehr als 50 Jahre alt und zeigen die Selbstverständlichkeit, mit der Traditionen ästhetischer Erwartungen fortgeschrieben werden. Das 20. Jahrhundert unterscheidet sich von vorangegangenen Epochen durch eine ungekannte Vielfalt künstlerischer Impulse, die sich zu einem großen Teil in die bekannten Bewegungen wie Futurismus, Dada, Fluxus, Minimal, Pop, Concept und Land Art eingliedern lassen. So können oft einzelne Exponate bestimmten Gruppen zugeordnet und beschrieben werden. Jede Phase brachte ihre künstlerischen Intentionen in entsprechenden Manifesten zum Ausdruck. Häufig zeigt sich, bei den Übergängen zwischen den Phasen, dass diese neue Konzepte für das Hören und Sehen nach sich zogen, wenn die künstlerischen Werke angemessen verstanden werden sollten. Verweigert man diese Neuorientierung, verhält man sich historistisch.

Klangkunst oder Der Appell an die Sinne

Die Entwicklung der Klangkunst hat sich seit den sechziger Jahren mit zunehmender Geschwindigkeit ausdifferenziert und ist wesentlich durch die New Yorker Kunst- und Musikszene jener Jahre motiviert worden. Aus zahlreichen Dokumenten, die von ersten Kontakten europäischer und US-amerikanischer Komponisten, Musiker und Theoretiker überliefert sind, sei das Interview von William Duckworth mit dem experimentellen Klangkünstler Alvin Lucier im Jahr 1981 angeführt. Lucier erinnert sich an den Besuch eines Meisterkurses des Cage-Pianisten David Tudor im Rahmen der Ferienkurse für Neue Musik in Darmstadt. Tudors Veranstaltung war eine Attraktion. Im Verlauf führte er Stücke von George Brecht auf, der zu diesem Zeitpunkt fast unbekannt in Europa war, da er dem amerikanischen Fluxus angehörte. »Adorno und Stockhausen waren unter den Zuhörern, sie diskutierten lebhaft über die Ästhetik dieser Musik, und Tudor, der so scheu ist, sah sie nur an – es war einfach ein typisch europäischer Streit – und Tudor sagte zu Adorno: ›Ich fürchte, Sie verstehen diese Musik einfach nicht.‹ Kannst du dir das vorstellen?«[4]

Die amerikanisch-europäische Begegnung deutet Unterschiede der musikalischen Avantgarde-Bewegungen in den sechziger Jahren an. Während in Europa musikalisches Hören meist an reglementierten Konzepten musikalischer Form orientiert war, entwickelte sich in einem kleinen Zirkel der US-amerikanischen Avantgarde ein grundlegend neues Verständnis von Klang, Geräusch und Musik. Diesen Ideen wurde jedoch zunächst wenig Beachtung geschenkt.

Bis in jene Jahre führte man in den USA größtenteils europäische Komponisten des 19. Jahrhunderts auf. Für die Avantgarde hingegen wurden bald Ideen des naturreligiösen Transzendentalismus wichtig, dessen Ausläufer bis heute wirksam geblieben sind. Besonders Henry David Thoreaus *Walden oder das Leben in den Wäldern*, das 1854 erstmals erschien, wurde zu einem Standardwerk. Thoreau lebte über zwei Jahre wie ein Eremit in einem Blockhaus in der Nähe der Stadt

Concord, Massachusetts. Die Einsamkeit schärfte seine Sinne. Er beschreibt in dem Abschnitt ›Töne‹ die Schönheit sämtlicher Klänge und legt mit dieser Darstellung einen Grundstock für ein neuartiges Verständnis natürlicher Kompositionen. »Während ich jetzt an diesem Sommernachmittag an meinem Fenster sitze, kreisen Habichte über meiner Lichtung. Das Gurren wilder Tauben, die zu zweien oder dreien quer über meinen Ausblick schweben und ruhelos auf den Ästen der Weißtanne hinter meinem Hause herumhüpfen, gibt der Luft Stimmung und Klang; das Schilf beugt sich unter der Last der Riedvögel, die herüber- und hinüberflattern, und seit einer halben Stunde höre ich [...] das Rollen der Eisenbahnwagen.«[5] Ohne seine Impulse wäre die Entwicklung der Klangkunst, die stark durch das Werk John Cages inspiriert wurde, kaum denkbar. Daniel Charles sprach John Cage auf seine Einstellung zu Thoreau an: »Ist [der Ort] Stony Point nicht ein wenig wie Concord? [...] Sie waren ein Stadtbewohner, aber eines Tages verließen Sie einfach New York. Sind Sie nicht Thoreaus Beispiel gefolgt, indem Sie Ihrerseits zu einem Mann der Wälder wurden?« Cage: »Zu dieser Zeit war mir das sicher nicht bewußt, aber als ich vor kurzem die Parallele erkannte, begann ich Thoreaus Journal zu lesen und konnte nicht aufhören.«[6]

Entdeckung von Resonanzen

Es ist der Berliner Musikwissenschaftlerin Helga de la Motte-Haber zu verdanken, dass nun nach 30 Jahren die akademische Etablierung der Klangkunst in nennenswertem Umfang begonnen hat. »Die Klangkunst ist zum Hören und Sehen bestimmt. Auch wenn damit keine unabdingbare Voraussetzung angesprochen ist, weil sich eine solche nie im Bereich der Kunst formulieren lässt, so ist doch der Gedanke, dass es keine sinnesspezifische Begrenzung gibt, fest mit der Klangkunst assoziiert.«[7] Es ist sicher legitim, die Entwicklung der jungen Gattung in der Geschichte der Klangfarben einzugliedern, die eng mit den Möglichkeiten des Instrumentenbaus gekoppelt ist. Mit der Entdeckung immer neuer Resonanzkörper wurde ein wichtiger Impuls gesetzt. Die Integration von Geräuscherzeugern des täglichen Gebrauchs und deren gleichberechtigte Verwendung zum klassischen Instrumentarium lösen bis heute immer noch heftige Reaktionen aus. Wenige Beispiele mögen als eine Andeutung der Bandbreite von Arbeiten verstanden werden, die sich zu einer Gattung zusammenfügen. Meist sind es Arbeiten, die im öffentlichen Raum – jenseits von Konzertsälen und Museen – ihre Wirkung entfaltet haben und die ihrer Funktion nach außerhalb des tradierten Systems von Kunst und Musik angesiedelt sind. Begriffe wie ›hohe‹ oder ›niedere‹, ›erhabene‹ oder ›volkstümliche‹, ›ernste‹ oder ›unterhaltende‹, ›popu-

Akio Suzuki, *Ursache und Wirkung*, 1994, Skulpturenmuseum, Marl

läre‹ oder ›elitäre‹ Kunst und Musik funktionieren in dieser Gattung nicht mehr. So arbeitet der japanische Klangkünstler Akio Suzuki seit Anfang der siebziger Jahre mit Klängen, die meist auf einfachsten Instrumenten und ungewöhnlichen Resonanzkörpern wie Kartons, Metalldosen etc. hergestellt werden. Im Jahr 1994 ist im Hof des Skulpturenmuseums Marl eine Installation mit einem Baum, Tontöpfen, Topfuntersetzern aus Metall und Schnüren durchgeführt worden. Die Arbeit *Ursache und Wirkung* wird von Suzuki so beschrieben: »Der Ast eines Baumes, der sich ruhig im Wind wiegt. Es gibt verschiedene Arten von Wind. [...] In Japan setzten wir diese Naturphänomene in Klang um: mit FURIN, das sind Glockenspiele, die vom Wind in Schwingung versetzt werden [...], um im Sommer für einen Moment die Vorstellung von Frische zu haben, und FUTAKU,

Glocken, die unter den Dachvorsprüngen von Tempelpagoden angebracht werden. Diese vom Wind abhängigen Instrumente erzeugen eine Klanglandschaft.«[8] Der Ort des Baumes, der in Marl gewählt wurde, ist für den Zeitraum der Ausstellung zum Ort der Kunst ernannt, um natürliche Phänomene zu übersetzen. Der Eingriff des Komponisten liefert die Grundgestalt, die durch die Natur belebt wird. Während bei *Ursache und Wirkung* die Ausbreitung des Schalls von der Stärke des Winds, der Größe der Äste und dem Volumen der Tongefäße abhängig ist, arbeiten die meisten Klangkünstler mit spezifischen Geräuschen, die mittels Mikrophonen und Tonabnehmern aufgenommen werden. Laute Geräusche und Töne sind in Werken Suzukis kaum zu finden. Oft wirken seine Performances, die er mitunter mit einer Steinflöte gestaltet, wie religiöse Zeremonien.

Einen gänzlich anderen Typus im Bereich der Klangkunst verkörpert Bill Fontana, der seit zwanzig Jahren simultane Klänge verschiedener Orte miteinander montiert. In der Literatur hat sich der Begriff des ›Soundscape‹ etabliert, der die

Bill Fontana, *Landscape-Soundings*, Wien 1990, Klangskulptur auf dem Maria-Theresien-Platz in Wien

Bernhard Leitner, *Tonliege II*, mit John Cage, 1979, P.S. 1, New York

akustische Totale eines größeren Abschnittes in einer Landschaft bezeichnet. Fontanas akustische Fotografien legen dabei große Entfernungen zurück. Zur Übertragung verwendet er Satelliten und leistungsstarke Kabelnetze, um eine künstliche Überlagerung von akustischen Landschaften zu erreichen. Zum Teil nehmen seine Live-Klangporträts gigantische Dimensionen an. Fontana überbrückt politische, kulturelle und geographische Distanzen, indem er die akustischen Wirklichkeiten in Beziehung setzt.

Eine weitere exponierte Position hat sich der in Wien lebende Klangarchitekt Bernhard Leitner über viele Jahre erschlossen. Leitner – der in den siebziger Jahren Stadtplaner in New York war – erforscht seit jenen Jahren Wirkungen von bewegten Klängen, die er anfangs auf riesigen Versuchsanordnungen quer durch Turnhallen wandern ließ. Er untersucht Resonanzphänomene des menschlichen Körpers und konnte mit seinen ›Tonliegen‹ sogar die exakte Wirkung des Schalls am ganzen Körper durch thermische Aufnahmen belegen.[9]

Ulrich Eller hingegen illustriert in skulpturalen Arbeiten einen Teil einer Geschichte von Klängen und ihrer Erzeugung. Er ist ein Klangsammler zwischen Performance und akustischer Materialforschung und schafft, wie in *Geräuschelager*, eine klingende Skulptur mit über 200 Lautsprechern, die wie eine museale Ansammlung aus der Geschichte der Unterhaltungselektronik wirkt. Alles ist in ein Regalsystem von elf Meter Länge und fünf Meter Breite angeordnet. Aus den Lautsprechern erklingen Geräusche unterschiedlicher Herkunft.

Ulrich Eller, *Geräuschelager*, 1999, Klangkunstforum Potsdamer Platz, Berlin

Alvin Lucier, *Music for Solo Performer*, 1965

Alvin Lucier erforscht mit seinen Versuchsanordnungen das System unserer Wahrnehmung und irritiert durch die Verstärkung und Verschiebung ungewohnter Zusammenhänge. Seine Arbeiten wirken unmittelbar auf den Betrachter und faszinieren durch das akustische Ergebnis. Wenn er in der ›Music for Solo Performer‹ ... *Alphawellen sich selbst überlassen* seine Gehirnwellen als Impulsgeber einsetzt, so lässt sich dieses Stück nicht mehr mit gängigen Begriffen der Musikkritik fassen. Die Apparatur zur Aufzeichnung einer EEG-Untersuchung, wie sie für epilepsieanfällige Piloten entwickelt wurde, die durch die Umdrehungen der Propeller irritiert wurden, verwendet Lucier als eine Art Instrument. Lucier: »Ich erhielt dazu viel Kritik von meinen Kollegen, die das für eine langweilige Idee hielten und glaubten, daß dabei nichts herauskommen könne, weil es schließlich nur um Gehirnwellen ging. Alphawellen liegen an sich unterhalb der Hörschwelle; sie sind zu tief, um als Tonhöhen wahrgenommen zu werden, aber diese hohe Energie, diese Ausbrüche von Alpha, die durch die Lautsprecher rumpeln und die Stoffverkleidung flattern lassen, brachten mich auf die Idee, diese Energie an Instrumente zu koppeln. Ich benutzte Gongs, Pauken, große Trommeln, alles mögliche, was sich mit Lautsprechern in Schwingung versetzen läßt.«[10]

Die Klanginstallation des Avantgarde-Popmusikers Brian Eno, die er mit seiner *Music for Airports* in einer Ambient-Music-ähnlichen Arbeit für große Hallen von Flughäfen konzipiert hat, beruhigt das geschäftige Durcheinander der Reisenden und bietet eine akustische Entspannung. Solche positiven Wirkungen erzielte auch der kanadische Klangkünstler Robin Minard mit seinen Klanginstallationen für

Brian Eno, *Music for Airports* (1978), Klanginstallation Flughafen Tempelhof, Berlin 1996, ›Urban Aboriginals XI: The British Ambience‹, Freunde Guter Musik, Berlin

Bibliotheken, deren kaum hörbare Töne und Geräusche eine angenehme akustische Atmosphäre ausstrahlen. Diese Arbeiten unterstützen die Konzentration, da sie unseren aufmerksamen Ohren eine Fokussierung anbieten, die auch unter der bewussten Wahrnehmung liegen kann.

Robin Minard, *Klangstille*, 1995, daadgalerie, Berlin

Die angeführten Arbeiten zeigen bereits, dass die Bandbreite der jungen Gattung Klangkunst eine Etablierung von einheitlichen Beurteilungsmaßstäben nach stereotypen Mustern ausschließt. Im Unterschied zu eher statischen Werken, die den öffentlichen Raum möblieren, sprechen die Werke der Klangkunst meist auf subtile Art die Passanten an. Meist ereignen sich solche Begegnungen außerhalb von Museen und Konzertsälen. Der Hörer und Betrachter ist bei dieser Gattung integraler Bestandteil. In den meisten Arbeiten wird auf den vorhandenen Raum eingegangen, der durch den künstlerischen Akt eine Akzentuierung erfährt. Oft werden durch Lichtführungen und akustische Bezüge Spuren einer ursprünglichen Nutzung sichtbar gemacht, die sogar eine Geschichte andeuten. Unterschiedliche Umgebungen bedingen verschiedene künstlerische Eingriffe. Das Spektrum reicht von einfachen Zeichnungen auf dem Boden, die eine Hörposition markieren, bis zu kostenintensiven Installationen. Wenn zum Beispiel der Berliner Klang- und Lichtkünstler Hans Peter Kuhn mit dem städtischen Panorama

Hans Peter Kuhn, *Noch ohne Titel*, 1999, Neue Nationalgalerie, Berlin

von Manhattan oder Marzahn arbeitet und es mit einer Lichtgestaltung verändert, so stehen diese Arbeiten im Umfeld der Land Art, die durch kilometerlange Markierungen eines Christo durch die Landschaft populär geworden ist. Im vergangenen Jahr hat Kuhn im Rahmen der Ausstellung ›Das XX. Jahrhundert‹ eine typische Installation dieser Art realisiert: Der Vorsprung des Daches der Berliner Neuen Nationalgalerie von Mies van der Rohe wurde zu einem Sockel umfunktioniert, unter dessen 18 Kassetten in minimalistischer Anordnung Neonleuchten platziert wurden. Diese leuchteten in konstantem Licht bei Tag und Nacht. Kurze, perkussive Klänge huschten in schneller Geschwindigkeit an der Decke entlang und stimulierten die eintretenden oder die Ausstellung verlassenden Passanten an der Eingangsfront.

Anmerkungen

1 Robert Musil, Vorstufen zum Nachlaß zu Lebzeiten (1921–1931), Hamburg 1978, S. 604

2 Ebd., S. 605

3 Alfred Einstein, Größe in der Musik, Kassel 1980, S. 17

4 Alvin Lucier, Entdeckung ist Teil der Hörhaltung, Interview mit William Duckworth (1981). In: Alvin Lucier, Reflexionen, hg. von Gisela Gronemeyer und Reinhard Oehlschlägel, Köln 1995, S. 29

5 Henry David Thoreau, Walden oder das Leben in den Wäldern, Zürich 1979, S. 120

6 John Cage, Für die Vögel, Gespräche mit Daniel Charles, Berlin 1984, S. 234

7 Helga de la Motte-Haber, Klangkunst, Tönende Objekte und klingende Räume. In: Handbuch der Musik im 20. Jahrhundert, Bd. 12, Laaber 1999, S. 13

8 Akio Suzuki, ›A‹ Sound Works Throwing and Following, Werfen und Folgen, Saarbrücken 1998, S. 54

9 Vgl. Christoph Metzger, Aspects of an Unwritten History of Soundinstallations. In: resonancias, Málaga 2000, S. 26–39

10 Lucier, a.a.O., S. 51

Anhang

Die Autoren

Albrecht Dümling Geb. 1949 in Wuppertal. Musikwissenschaftler und -kritiker in Berlin, untersuchte das Verhältnis von Kunst und Öffentlichkeit bei Arnold Schönberg und Bertolt Brecht und thematisierte die NS-Kulturpolitik in der weltweit gezeigten Ausstellung ›Entartete Musik. Eine kommentierte Rekonstruktion‹ (Düsseldorf 1938/88). Wichtigste Veröffentlichungen: *Die fremden Klänge der Hängenden Gärten. Die öffentliche Einsamkeit der Neuen Musik*, München 1981; *Laßt euch nicht verführen. Brecht und die Musik*, München 1981.

Jörn Peter Hiekel Geb. 1963 in Göttingen. Studierte Musikwissenschaft, Kunstgeschichte, neuere Geschichte und Kontrabass in Köln und Bonn, Promotion 1993. Tätigkeit als Autor und Musikredakteur in Rundfunk und Verlag, diverse Lehraufträge an Musikhochschulen. Verschiedene Publikationen zur Musik des 20./21. Jahrhunderts, insbesondere zu deren Berührungen mit anderen Bereichen.

Volker Mertens Geb. 1937 in Hildesheim. Studium der deutschen und englischen Philologie, der deutschen Volkskunde und Musikwissenschaft; Promotion 1966, Habilitation 1976 in Würzburg. Seit 1977 Professor für Ältere deutsche Literatur und Sprache an der Freien Universität Berlin. Gastdozent in Frankreich, Tschechien und China. Zahlreiche Veröffentlichungen. Regelmäßig Beiträge für Programmhefte und -bücher sowie für Radiosendungen beim Sender Freies Berlin.

Christoph Metzger Geb. 1962 in München. Musikwissenschaftler und Kurator, 1997 Promotion: *Perspektiven der Rezeption Gustav Mahlers*, Lehraufträge an der TU Berlin, 1996–2000 Vorstand der Berliner Gesellschaft für Neue Musik, Kurator und Produktionsleitungen von Festivals im Podewil und der Akademie der Künste Berlin wie *Musik und Licht* (1996), *Minimalisms* (1998), Medienkunstfestival *transmediale' 99*, *Klangkunstforum* Potsdamer Platz (1999–2001). Veröffentlichungen zur Musik des 19. und 20. Jahrhunderts, zur Filmtheorie und zur Klangkunst. Lebt in Berlin.

Gerhard Müller Geb. 1939 in Saalfeld/Saale. 1959–63 Studium der Journalistik an der Universität Leipzig, Promotion zum Dr. phil. an der Humboldt-Universität Berlin. 1963–80 Tätigkeit als Kulturredakteur, Publizist und Musikkritiker in Berlin, 1980–95 Leitender Dramaturg an der Komischen Oper Berlin, 1995–98 Chefdramaturg und Amtierender Künstlerischer Direktor des Gewandhauses zu Leipzig, 1999/2000 Dramaturg und künstlerischer Berater für das Kultur- und Veranstaltungsprogramm der EXPO2000 Hannover.

Volker Scherliess Geb. 1945. Studierte Musikwissenschaft, Kunstgeschichte und Philosophie in Hamburg und Florenz. 1971 Promotion. 1972–76 Mitarbeiter der Musikgeschichtlichen Abteilung des Deutschen Historischen Instituts in Rom, 1977–79 Assistent an der Universität Tübingen, 1979–91 Professor für Musikwissenschaft an der Staatlichen Hochschule für Musik Trossingen, seit 1991 an der Musikhochschule Lübeck. Buchpublikationen sowie zahlreiche Aufsätze zur neueren Musikgeschichte und zu den Beziehungen zwischen Musik, bildender Kunst und Literatur.

Frank Schneider Geb. 1942 in Großerkmannsdorf, Kreis Dresden; studierte Kapellmeister in Dresden und Musikwissenschaft in Berlin (Humboldt-Universität); 1968–71 Komponistenverband der DDR, 1971–75 wissenschaftlicher Assistent an der Humboldt-Universität, 1975–80 Dramaturg an der Komischen Oper und 1980–91 wissenschaftlicher Mitarbeiter an der Akademie der Wissenschaften der DDR; 1989 Professor für Musikwissenschaft, seit 1992 Intendant des Konzerthauses Berlin und des Berliner Sinfonie-Orchesters; Forschungen, Publikationen und Lehrtätigkeit vorzugsweise zur Musikgeschichte und Musikgeschichtsschreibung des 20. Jahrhunderts.

Habakuk Traber Geb. 1948. Studierte Kirchenmusik und Musikwissenschaft, lebt als freischaffender Autor, Publizist und Dramaturg in Berlin. Regelmäßige Beiträge in Programmheften und Publikationen verschiedener Orchester und Festivals, für Rundfunkanstalten und Zeitschriften; Buchveröffentlichungen u.a. über Berliner Komponisten im Exil, über Johann Sebastian Bach, Gustav Mahler und über das Berliner Musikleben.

Karl-Heinz Zarius Geb. 1941 in Düsseldorf. Seit 1977 Professor für Allgemeine Musikerziehung an der Hochschule für Musik Köln, Abteilung Wuppertal; intensive künstlerische, publizistische und pädagogische Beschäftigung mit Neuer Musik; Schwerpunkt seit 30 Jahren: das Werk Mauricio Kagels.

Fotonachweis

Die Fotos stammen, wenn nicht anders angegeben, aus den Archiven des Konzerthauses Berlin / Schauspielhaus am Gendarmenmarkt und des Verlages:

Gunther Joppig, München: Umschlag, Frontispiz; Editio Musica Budapest: 27; Réunion des musées nationaux: 34; Paul Sacher Stiftung, Basel (Sammlung Igor Strawinsky): 36, 37o.; Klaus Lefebvre, Ennepetal: 38u.; Österreichische Nationalbibliothek, Wien: 41; Wiener Stadtbibliothek: 42; Arnold Schönberg Center, Wien: 45, 49; Foto Karl Bauermann, Frankfurt: 47; Theaterwissenschaftliche Sammlung der Universität zu Köln (TWS): 50, 94; Collection Thomas Gilou: 58o.; Dansmuseet, Stockholm: 58u., 59; Programmheft D. Schostakowitsch, ›Lady Macbeth von Mzensk‹, Staatstheater Stuttgart 1992: 75; Programmheft K. Weill, ›Der Weg der Verheißung‹, Städtische Theater Chemnitz 1999: 81; Programmheft B.A. Zimmermann, ›Die Soldaten‹, Staatstheater Stuttgart 1987: 88; M. Kagel, ›Staatstheater‹, Hamburgische Staatsoper 1970 (Foto: Fritz Peyer): 109 o.l.; M. Kagel, ›Die Erschöpfung der Welt‹, Staatstheater Stuttgart 1980, Stuttgarter Hefte 8/2: 109u.; Programmbuch M. Kagel, ›Aus Deutschland‹, Deutsche Oper Berlin 1981: 110; Ausstellungskatalog ›Klangkunst‹, Akademie der Künste 1996: 120o., 122, 123o.; shamrock photo / Norbert Kesten, Berlin: 121; Robin Minard, ›Klanginstallationen‹, daadgalerie, Berlin 1996 (Foto: B. Erler): 123u.; Hans Peter Kuhn, ›Licht und Klang‹, Kehrer Verlag, Heidelberg 2000 (Foto: Gerhard Kassner): 124.